プロの仕立てをきちんと学ぶ

ジャケットとコートの手ほどき

小杉早苗

「服を作るのは好きだけれど、出来上りがなぜかあか抜けなくて、いまひとつです」という話を聞くことがありますが、自分のサイズに合わせて作った服は、体によくなじむものです。満足できないとすれば、原因は二つ考えられます。一つ目は、縫製の過程で、アイロンかけをおろそかにしていませんか。上手な服作りは、アイロンを最後にまとめてかけるのではなく、その都度しっかり丁寧にかけて、さらに縫い代を整理することです。それが重要な「こつ」でもあります。アイロンがきちんとかかっている服は生き生きとして美しいものです。そして、布地は少し張り込んで上質の布で作ることもポイントです。

二つ目は、出来上がったら早速着てみましょう。しかし試着といえども、下着を整え、メークもきちんとしてから鏡の前に立ち、自分が納得するまでコーディネートして、自信を持って、楽しんで着てください。服は着る人の気持ちによって輝いて見えるものです。

文化出版局

Pattern a
細身がきれいなジャケット　4

縫い方順序
1. 接着芯と接着テープをはる→page8
2. ウエストダーツと後ろ身頃の中心を縫う→page9
3. 脇縫い目利用のポケットを作り、脇と肩を縫う→page11
4. 裏身頃を作る→page12
5. 表身頃に裏衿をつける→page13
6. 袖を作る→page13
7. 袖、山布、肩パッドをつける→page15
8. 表身頃と裏身頃を縫い合わせて仕上げる→page16

a 応用　ショートジャケット　18

Pattern b
クラシカルなコート　22

縫い方順序
1. 接着芯と接着テープをはる→page26
2. 前と後ろを縫う→page27
3. ポケットを作りながら脇を縫う→page29
4. 衿を作る→page30
5. 肩を縫って、衿をつける→page31
6. 裏身頃を作る→page32
7. 袖を作る→page32
8. 袖、山布、肩パッドをつける→page35
9. マーティンゲールをつける→page35
10. 表身頃に裏身頃をつける→page36
11. 裾を始末して、ボタンとスナップをつける→page37

b 応用1　気軽にはおれるショートコート　38
b 応用2　カジュアルな7分丈のコート　40
b 応用3　マニッシュなテーラードコート　44

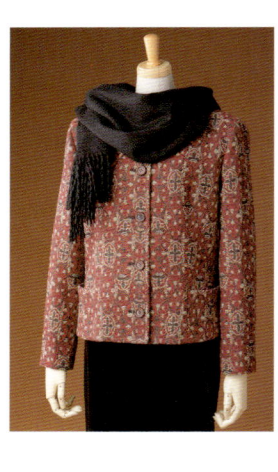

Pattern C
一重仕立てのハーフコート　50

縫い方順序

1 接着芯と接着テープをはる→page54
2 後ろ中心を縫い、ベンツを作る→page55
3 パッチポケットをつける→page56
4 衿を作る→page57
5 肩を縫う→page57
6 衿を身頃と見返しではさんで縫う→page58
7 袖をつけてから脇と袖下を続けて縫う→page59

c応用　デニムでハーフコート　60

応用デザインのパターンの作り方　64

Pattern a の応用　64
Pattern c の応用　64
Pattern b の応用1　65
Pattern b の応用2　66
Pattern b の応用3　67

基本デザインのパターンの製図　68

原型の引き方　68
Pattern a の製図　69
Pattern b の製図　70
Pattern c の製図　71

Pattern a
細身がきれいなジャケット

ジャケットといっても前を留めて素肌に着たり、無地のスカートと合わせてスーツのようにも着られます。もちろんジャケットとしてのゆとりは含まれているので、インナーとのコーディネートでカジュアルにもフォーマルにも着用でき、こういうジャケットは着用頻度が多いものです。ヒップやおなか回りが隠れる着丈もポイントの一つと言えるでしょう。

- 使用パターン…a
- 製図…p.69
- 作り方…p.8

縫い方順序

1. 接着芯と接着テープをはる→page8
2. ウエストダーツと後ろ身頃の中心を縫う→page9
3. 脇縫い目利用のポケットを作り、脇と肩を縫う→page11
4. 裏身頃を作る→page12
5. 表身頃に裏衿をつける→page13
6. 袖を作る→page13
7. 袖、山布、肩パッドをつける→page15
8. 表身頃と裏身頃を縫い合わせて仕上げる→page16

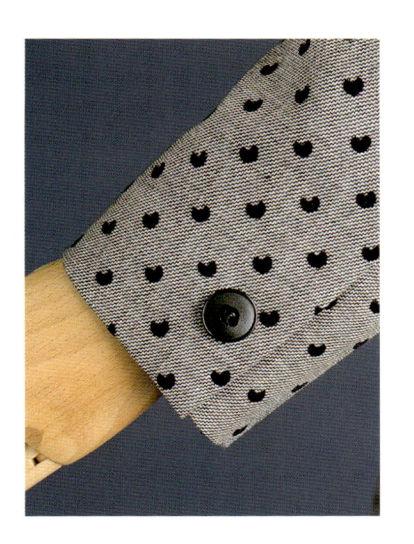

細身がきれいなジャケット

■実物大パターンについて

●パターンのサイズ表

この表の各寸法はヌード寸法で、出来上りの寸法は（ ）の中に表示しています。単位=cm

	S	M		ML		L
バスト	80（95）	83（98）		86（102）		89（106）
ヒップ	89（99.5）	91（102.5）		95（106.5）		97（110.5）
身長	150	150	158	158	166	166
背肩幅	（40.5）	（41）	（42）	（42.6）	（43.6）	（44.2）
袖丈	49.5（54.5）	50（55）	52（57）	52.5（57.5）	54.5（59.5）	55（60）
着丈	（64.5）	（65）	（67.5）	（68）	（70.5）	（71）

サイズは4種類、6パターンあります。自分のサイズにそってパターンをなぞり、自分サイズのパターンを写し取ります。身長が158cm、バストが80cmなら、SとMにまたがるとお考えください。写したパターンには合い印をつけ、縫い代つきパターンを作る場合は裁合せ図にある縫い代をつけます。裏布のパターンは前後の表布のパターンに、出来上り線を破線で入れてあります。

●身長とバスト寸法でパターンを選びます

パターンは身長とバスト寸法を組み合わせて決めますが、念のためにヒップ寸法が不足していないかを確かめておきましょう。ヒップのゆとりは、ヌード寸法に最低10cmぐらい必要ですから、ご自分の寸法とサイズ表のヒップの出来上り寸法を比べて、ゆとりが10cm以下ならワンサイズ大きいものを選びます。このパターンはバストに15〜17cm、ヒップに10.5〜13.5cmのゆとりが含まれています。

■パターンの準備

●裏布パターンを作ります

裏後ろは表布の後ろのパターンに破線でかいてあります。それを写してください。裏袖のパターンは、袖ぐり下の縫い代が立った状態になり、袖下縫い代をおおう形になるので、その分を見越して充分にゆとりを入れてかき直し、袖山は内回になるので、いせ分は表袖より少なくします。

縫い代つきのパターンは裁合せ図にある縫い代をつけて作ります。

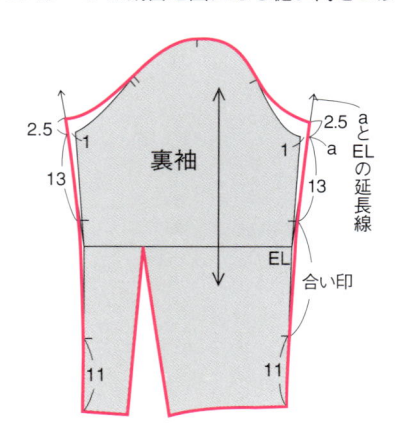

●準備するパターン（表布）

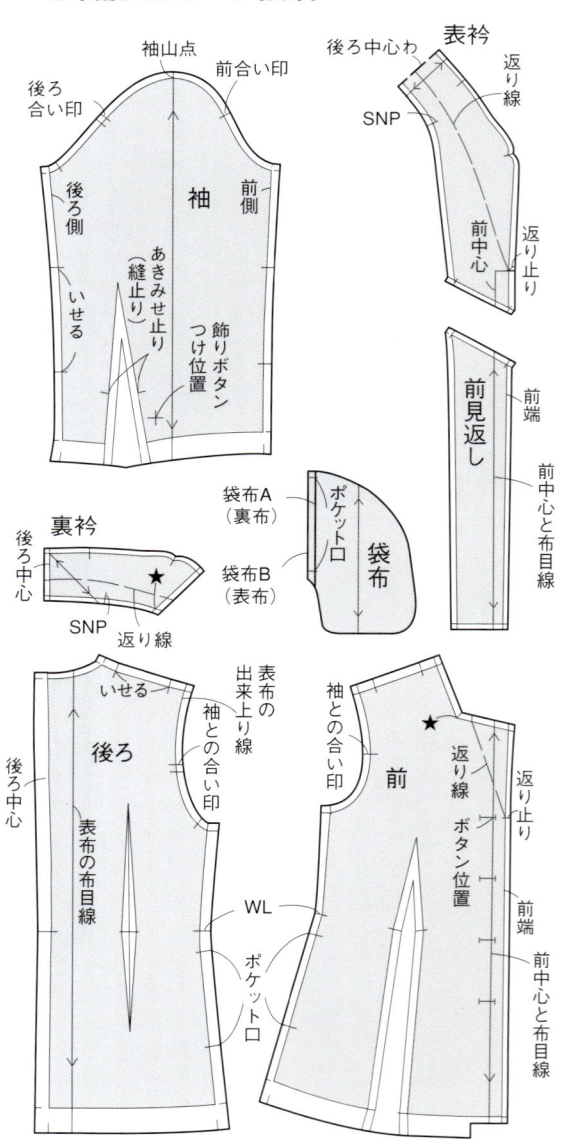

● **準備するパターン（裏布）**

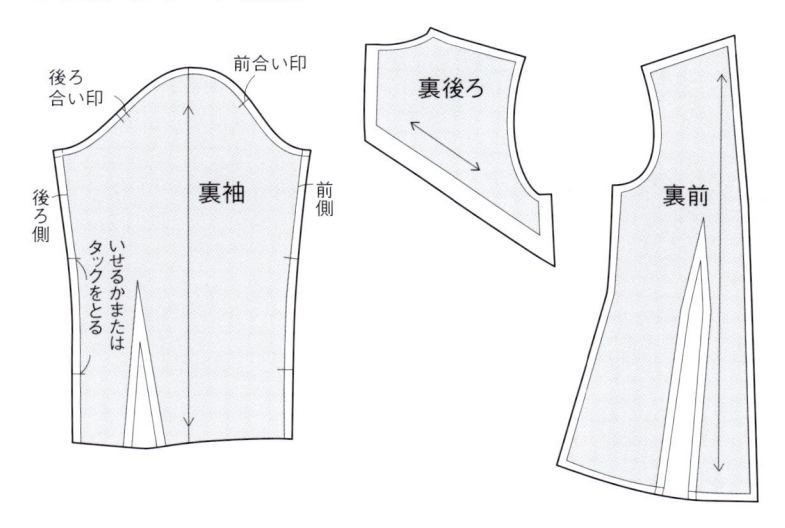

■布の地直し

使用した布はウール地ですが、フロッキー加工を固定するために熱処理が施されているので、水分や熱で縮むことはほとんどありません。裁断前に布目のゆがみやたたみじわを取る程度に、布の裏面からスチームアイロンをかけて整えます。ウール一般についてはスチームアイロンで水分を含ませ、一度縮絨しながら折りじわなどを整えます。ポリエステル混紡の布は防縮加工が施されているので、たたみじわや布目を整える程度にアイロンをかけておくといいでしょう。

■縫い代を正しくつけて裁断する

初心者でも簡単でスピーディに作れるように、表布、裏布とも出来上りの印つけは省き、縫い代を正確につけて裁断します。裁断後、合い印の位置などにノッチ（0.3cmぐらいの切込み）を入れます。布端がほつれやすい布は、裁断後すぐに接着芯や接着テープをはっておくと安心です。裏後ろは表布のパターンの中の破線が出来上り線ですから、裁合せ図を参考にして縫い代をつけ、裁ってください。

● **表布の裁合せ図（Mサイズ）**

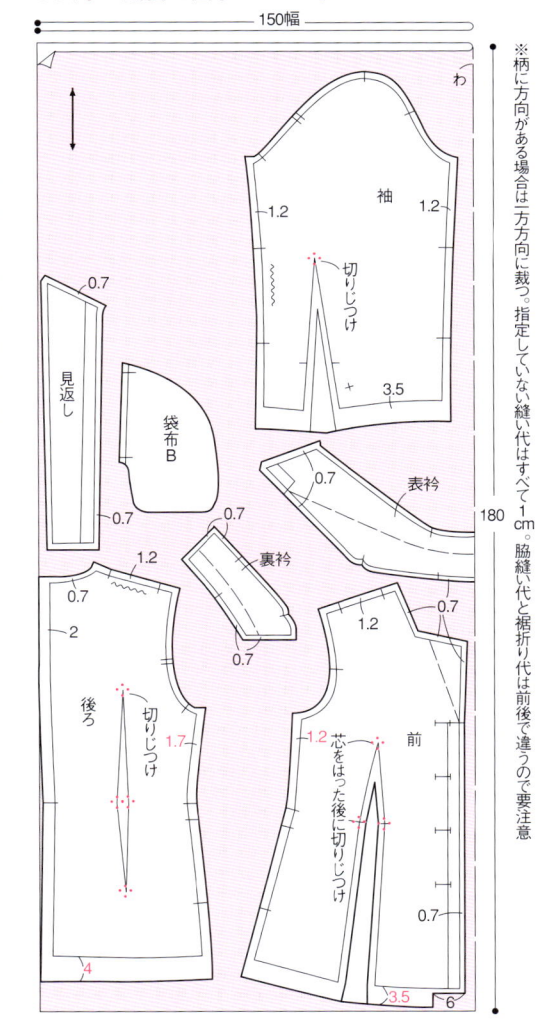

● **裏布の裁合せ図（Mサイズ）**

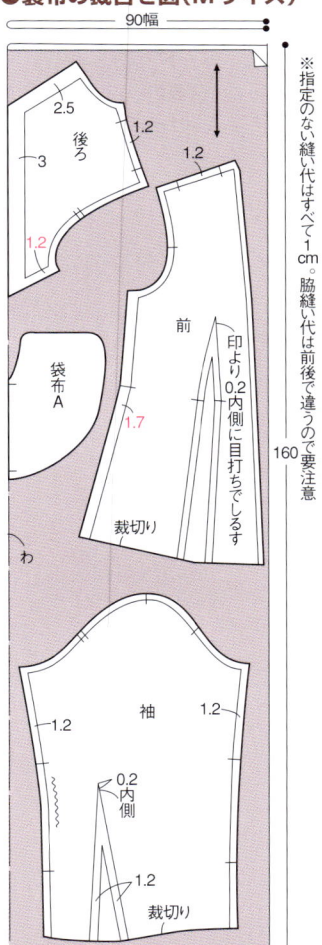

● **使用量と材料**

表布＝150cm幅1m80cm
裏布＝90cm幅1m60cm
接着芯（インテックスITX-27）＝90cm幅1m60cm
接着テープ（STRバイリーンのテープ）＝1.2cm幅
山布＝ドミットテープ
ボタン＝直径2cm6個
厚み0.5cmの肩パッド

細身がきれいなジャケット

1 接着芯と接着テープをはる

1 接着芯は、適度に張りがあって表布となじみがいい芯、ここではインテックス ITX-27 をはりました。さらに伸止めのために、1.2cm幅の接着テープを図のようにはります。

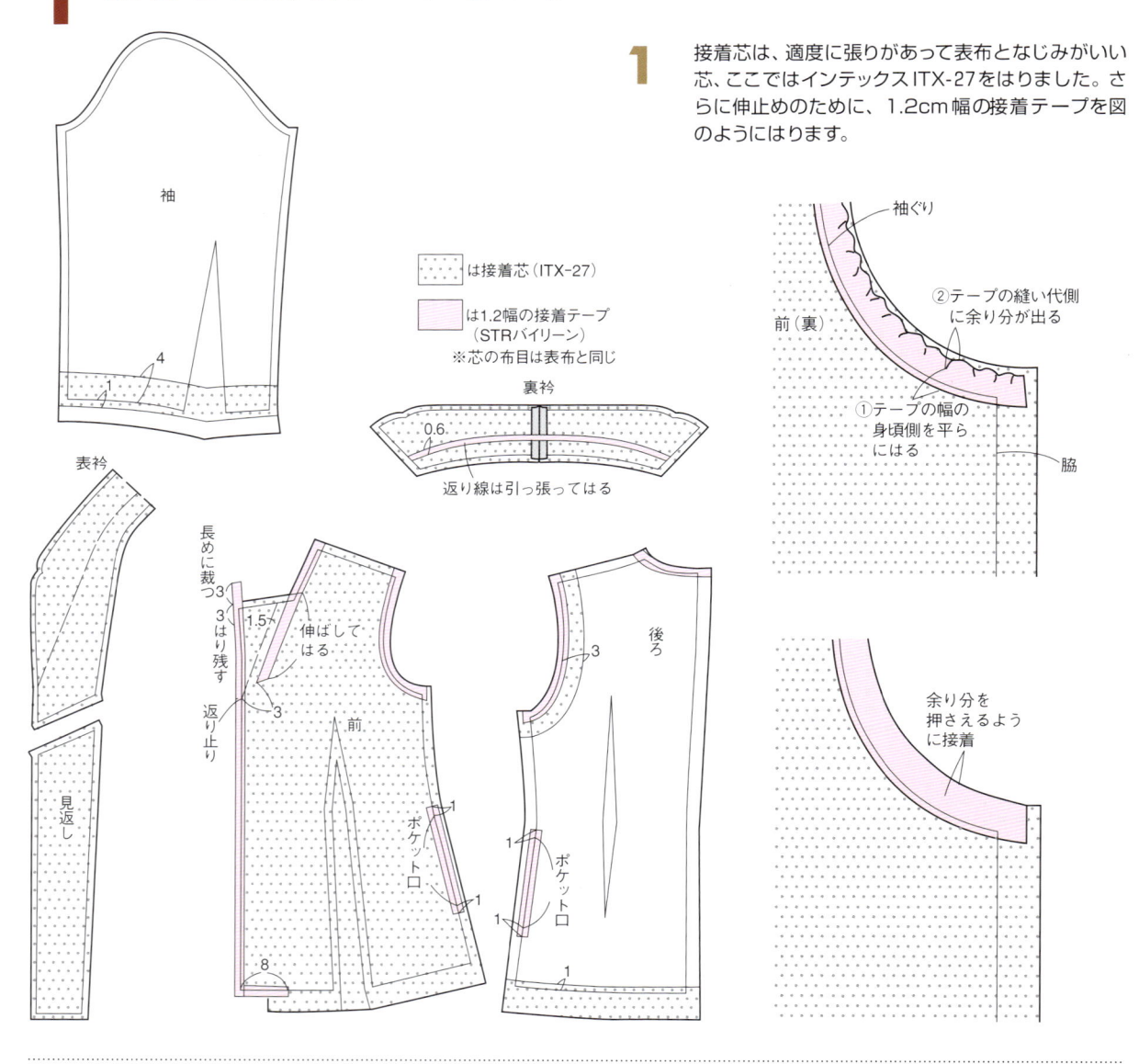

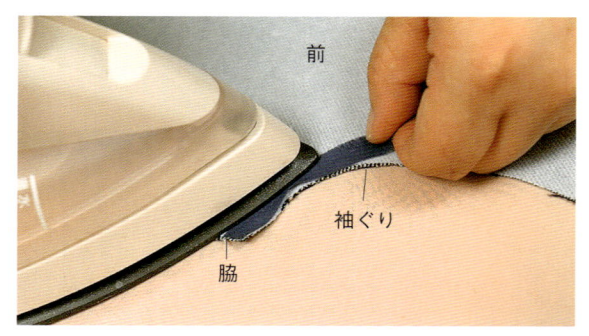

袖

⋯⋯ は接着芯（ITX-27）

▨ は1.2幅の接着テープ（STRバイリーン）
※芯の布目は表布と同じ

裏衿
0.6
返り線は引っ張ってはる

袖ぐり
②テープの縫い代側に余り分が出る
前（裏）
①テープの幅の身頃側を平らにはる
脇

余り分を押さえるように接着

表衿
見返し

長めに裁つ 3
1.5
はり残す
伸ばしてはる
3
返り止り
前
ポケット口
1
1
8

後ろ
3
ポケット口
1
1
1

2 まず前の前端や裾は、布端と接着テープの端をそろえて平らにはり、ラペルの上端は3cmぐらい張り残し、返り線側は1.5cm奥に、伸止めのテープを左手で少し引きぎみに接着します。

はり残す
返り線はテープを引っ張りぎみに接着する

3 前袖ぐり下のカーブは身頃側は伸ばさず、縫い代側が浮くような状態で、テープ幅の半分ずつを2回に分けて接着し、後ろ身頃の袖ぐりと衿ぐりも同様に接着します。

前
袖ぐり
脇

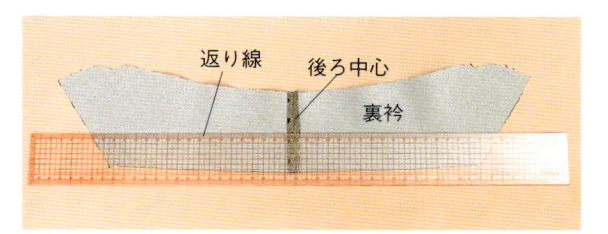

4 裏衿は芯をはった後、後ろ中心を縫い割り、返り線に接着テープをはります。衿が首にそって折り返るようにつらせぎみにはるのがポイントです。その反動を衿の外回り側に寄せて浮かします。

5 この状態のまま、返り線に接着テープをはっていきます。半幅にカットしたテープを左手で引っ張りながら接着します。

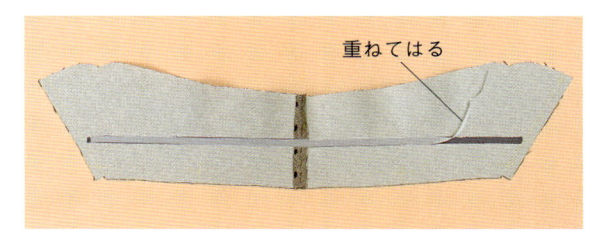

6 返り線の寸法が全体で0.5～0.7cmぐらい短くなるようにテープをはり、さらに、その上に同じテープを重ねてはって、しっかりと伸止めをします。写真は2枚のテープがわかりやすいように色を変えています。

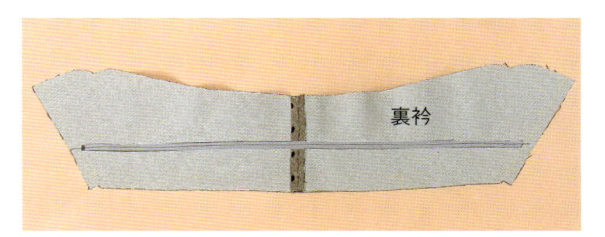

7 返り線の接着テープに止めミシンをかけます。

2 ウエストダーツと後ろ身頃の中心を縫う

1 前のダーツは、縫い代を1cmにカットしてから縫います。縫始めのダーツの先は、織り糸1本に針を落としてミシンをかけると、先がとがることなくきれいに縫えます。

2 まず縫い目にアイロンをかけて落ち着かせてから、縫い代を割ります。そのとき、きせがかからないように縫い目を両側から引っ張ってダーツの縫い代をまっすぐにすえます。

細身がきれいなジャケット

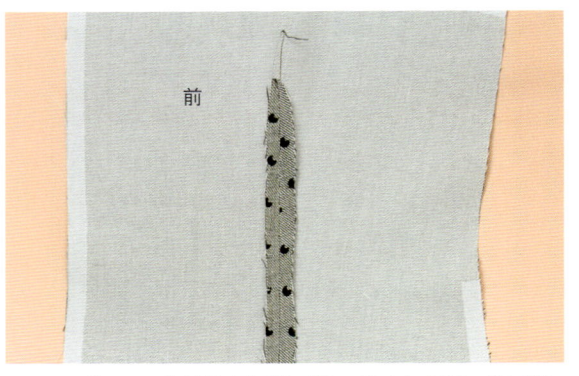

3 ダーツの先は前中心側に倒し、途中から縫い代を割ります。

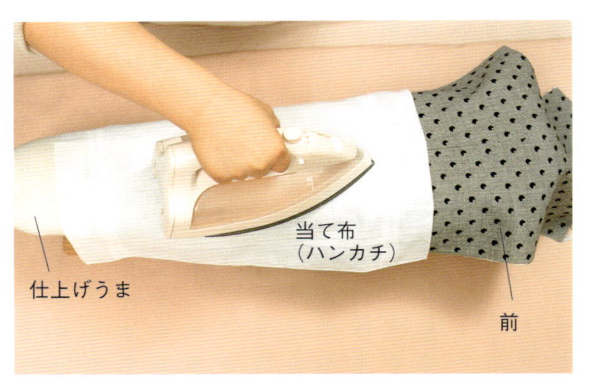

4 当て布を当て、布の表面からもアイロンをかけます。当て布は身近にある木綿のハンカチなどでも大丈夫。

前

当て布（ハンカチ）

仕上げうま

前

5 後ろは背抜き仕立てなので、後ろ中心と後ろ脇の縫い代は布端を0.5cm折り、端ミシンで押さえます。後ろのウエストダーツを縫い、縫い代は中心側に倒します。後ろの中心は、両手で縦に引きぎみにして、2枚の布がずれないように注意して縫ってください。裾の折り代は端を0.5cm折り、端ミシンをかけます。

縫い代をカット
端ミシン
端ミシン
端ミシン
縫い代をカット

3 脇縫い目利用のポケットを作り、脇と肩を縫う

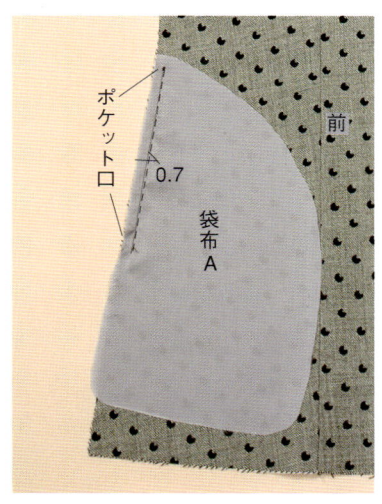

1 脇縫い代との関係で、袋布のポケット口側の縫い代は、1cmの差をつけて裁っています。袋布Aを前につけます。前の縫い代端と袋布Aの布端を合わせて、0.7cmの位置を縫います。

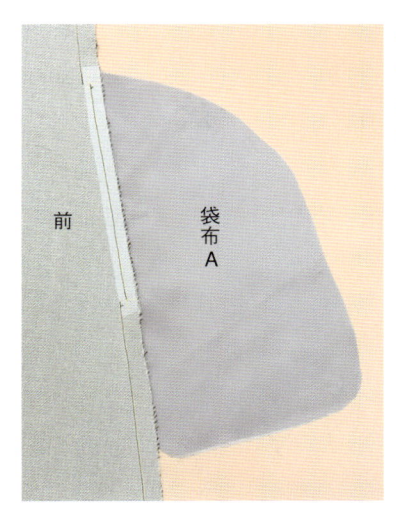

2 袋布Aを縫い目のきわからぴったり折り、縫い代側に倒しておきます。

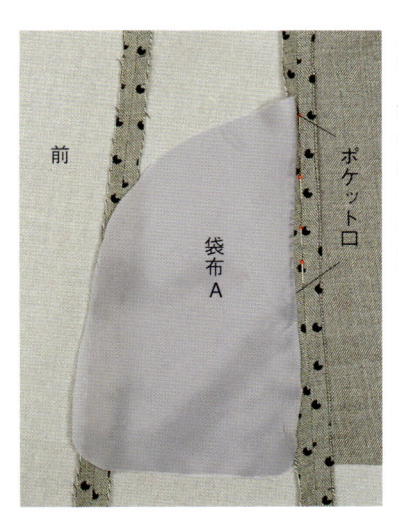

3 前と後ろを中表に合わせて、ポケット口を残して脇を縫い割ります。ポケット口はまち針で止めて、口が開かないようにしておきます。

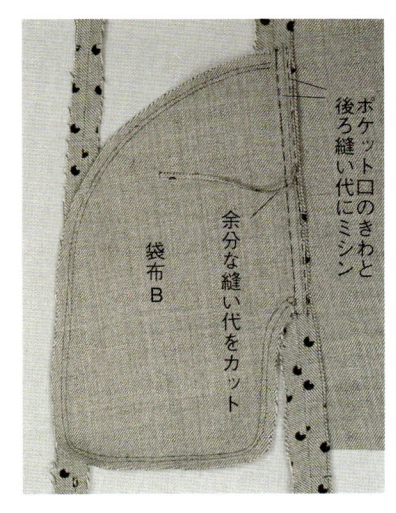

4 袋布Bを袋布Aの上にのせ、ポケット口のきわと後ろ縫い代に止めミシンをかけます。身頃をはねて袋布の回りに2本ミシンをかけ、袋布Bの余分な縫い代をカットします。

5 ポケット口のまち針をはずして、上下のポケット口止りに、表から3回止めミシンをかけます。

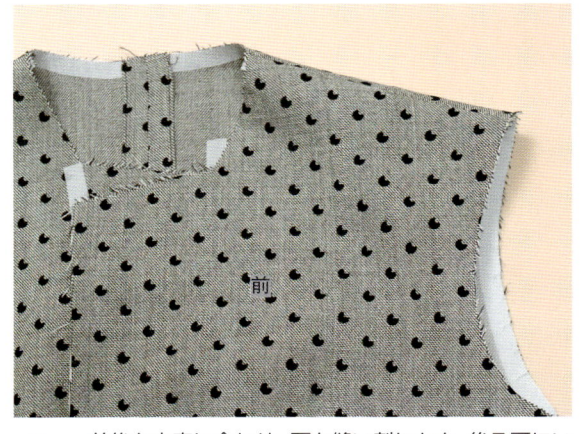

6 前後を中表に合わせ、肩を縫い割ります。後ろ肩にいせが入りやすいように、前肩を上にして縫います。

細身がきれいなジャケット

4 裏身頃を作る

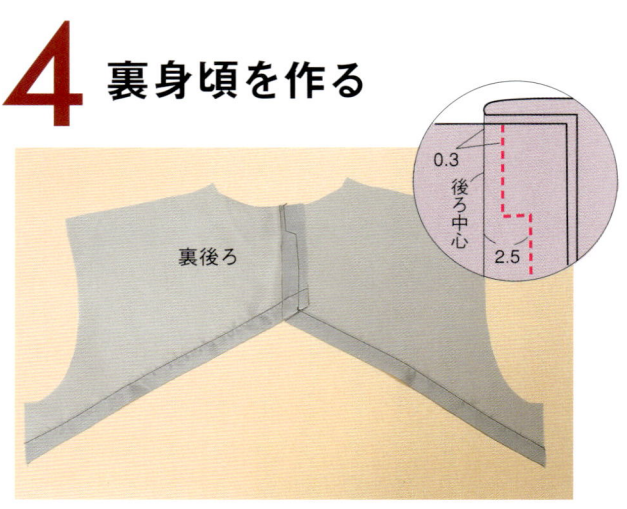

縫い代幅を同一にする

0.3 後ろ中心
2.5

前 後ろ
脇線 0.3 きせ分 0.5 折る

1 軽く仕上げるために、裏布は背抜き仕立てにします。裾を三つ折りミシンで始末し、ゆとりが必要な後ろ中心は、写真のようにミシンをかけて、右側に片返しにします。

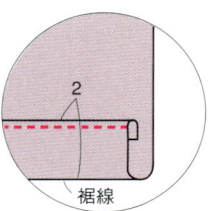

2
裾線

2 前ダーツは、縫い代を1cmにカットして縫い、縫い代は中心側に片返し。脇は前の縫い代を0.5cm折り、後ろの縫い代とそろえて脇を縫い、縫い代は後ろ側に片返し。肩は印どおり縫い、縫い代は前側に倒します。

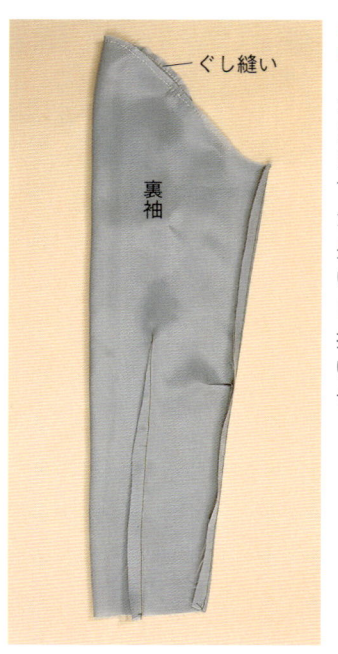

3 ダーツは縫い代を1.2cmにカットして縫い、縫い代は前側に片返し。後ろ袖下はひじのあたりに小さなタックをとって袖下の長さをそろえて縫い、縫い代は後ろ側に片返しにします。袖山は0.7cm折り、しつけ糸でぐし縫いをして、糸を引いていせ分を縮めます。

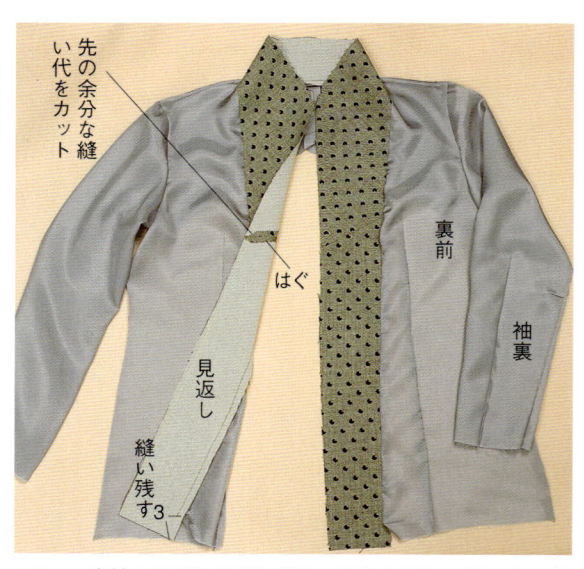

4 表衿と見返しを縫い割り、これを裏布と縫い合わせます。このとき裾は3cm縫い残しておきます。裏身頃に裏袖をつけ、縫い代を身頃側に片返しにします。

JACKET & COAT

5 表身頃に裏衿をつける

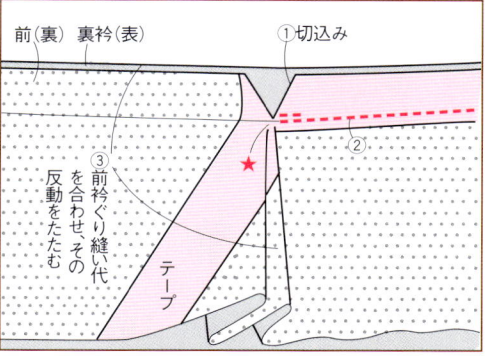

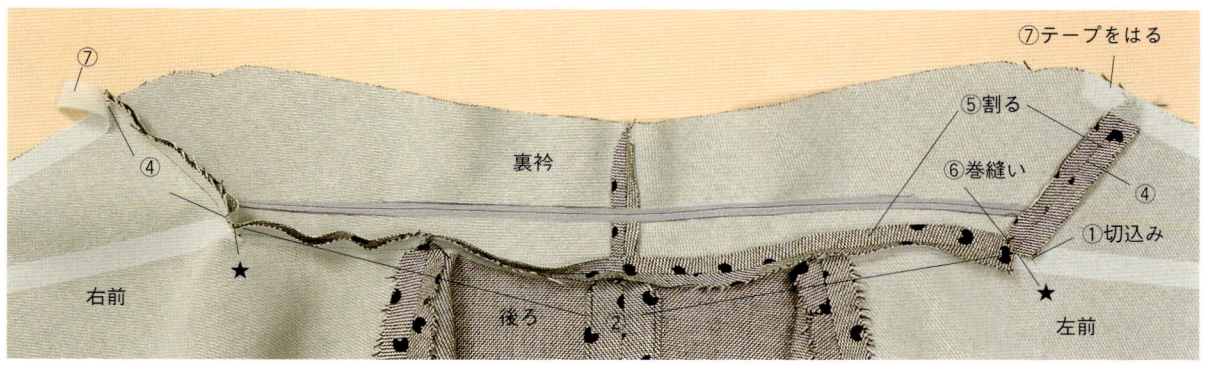

前(裏) 裏衿(表) ①切込み
③前衿ぐり縫い代を合わせ、その反動をたたむ
テープ
②
④
★1針手前で縫い止める

⑦テープをはる
⑤割る
⑥巻縫い
④
①切込み
裏衿
右前　後ろ　左前

身頃の衿つけ線の角（★）に切込みを入れ、裏衿と中表に合わせて衿つけ線を2回に分けて縫います。切込みは、出来上り位置の0.1cm手前までしっかりと入れておくと（①）、衿つけミシンがかけやすくなります。
まず、衿と身頃を合わせて左前の衿ぐりの角（★）から後ろ衿ぐり、右前の衿ぐりの角（★）まで衿つけ線を縫います（②）。このとき、衿ぐりの角（★）は返し縫いをしますが、1針手前で縫い止めておくとかたくならず、すっきり仕上がります。
次に、★の切込みを開いて、残りの前衿ぐり線を縫います（③④）。衿つけ縫い代を割り（⑤）、衿の衿つけ線の角（★）の縫い代は、突合せになるように余分をカットして粗く巻縫いをします（⑥）。長く裁っておいた前身頃の接着テープを、衿側まで続けて接着します（⑦）。

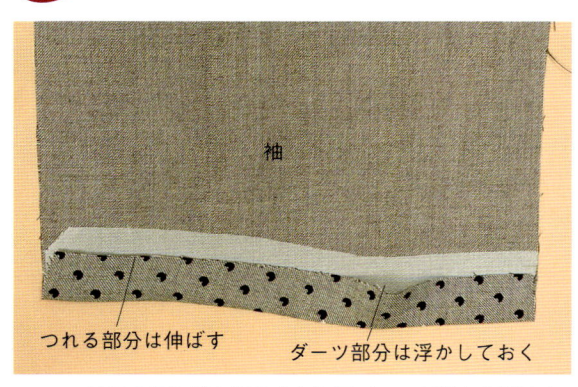

6 袖を作る

袖
つれる部分は伸ばす　ダーツ部分は浮かしておく

浮き上がる

1 袖口の折り代を出来上りにアイロンで折り上げます。

2 前の袖口が少しカーブしているので、折ると折り代が波打ちます。アイロンで折り代を軽く伸ばして、落ち着かせてください。

細身がきれいなジャケット

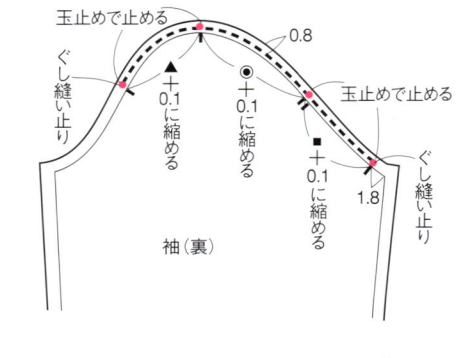

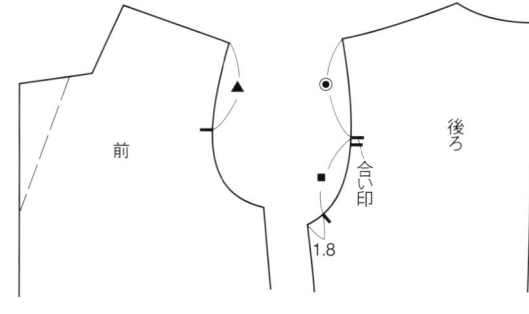

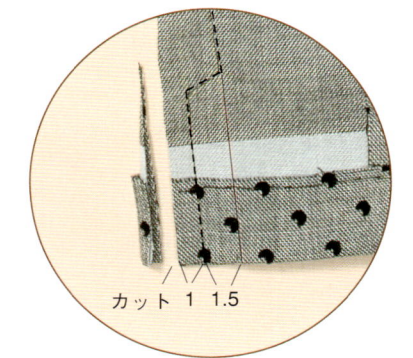

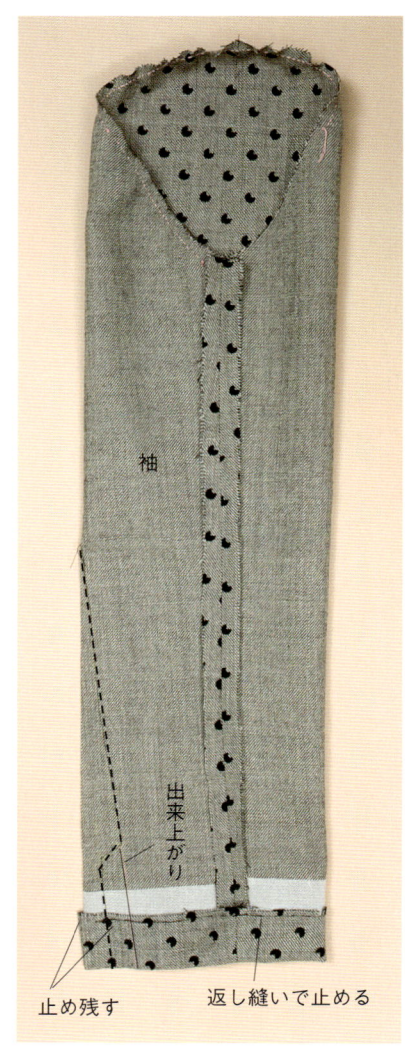

3

袖山にしつけ糸2本どりでぐし縫いをします。いせがバランスよく配分できるように、身頃の袖ぐりの各寸法に合わせて縮め、いせが戻らないように、大きめの玉止めをしながら縫うと安心です。

4

袖下を縫います。後ろ袖下のひじあたりでいせて、合い印を合わせて縫い、縫い代を割ります。袖口を折り上げ、ゆるく返し縫いで芯に止めます。このとき、ダーツの部分は2cmぐらい止め残して、袖口ダーツを縫います。あきみせのところでは1.5cm縫い代側を縫い、1cmの縫い代を残してカットします。

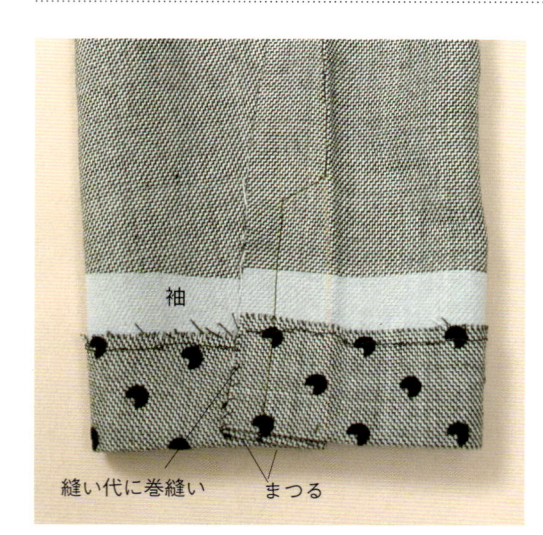

5

ダーツを出来上り位置から前側に倒し、縫い代の始末をします。

6

いせ分をバランスよく配分して仕上げうまにすえ、袖つけ縫い代をアイロンでつぶして落ち着かせます。

14 JACKET & COAT

7 袖、山布、肩パッドをつける

1 袖と身頃を中表にして、布端と合い印を合わせて袖側から袖つけミシンをかけます。肩先をめりはりのきいたシルエットにするために、袖山縫い代は身頃側に倒し、途中からは自然に立った状態にします。

2 仕上げうまに袖を通し、袖つけ縫い目にアイロンを浮かせぎみにかけ、いせがなじむように整えます。

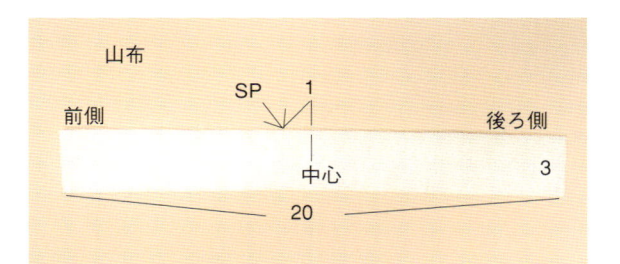

山布　前側　SP　1　中心　後ろ側　3　20

3 身頃の袖ぐりに山布をつけ、肩先のクッションにして、表に袖つけ縫い代がひびかないようにします。山布はバイリーンのドミットテープを幅3cm、長さ20cmにカットして、袖つけ縫い目に山布の幅の半分のところを合わせて、袖つけ縫い代に粗い針目で、軽くかがって止めます。

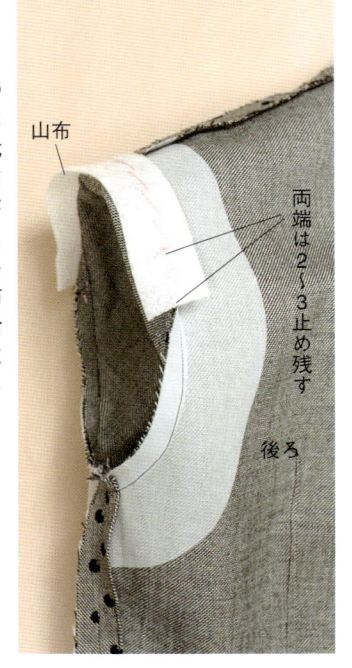

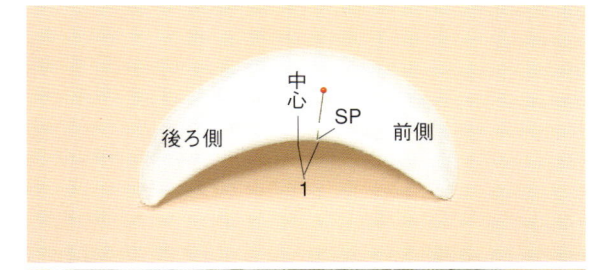

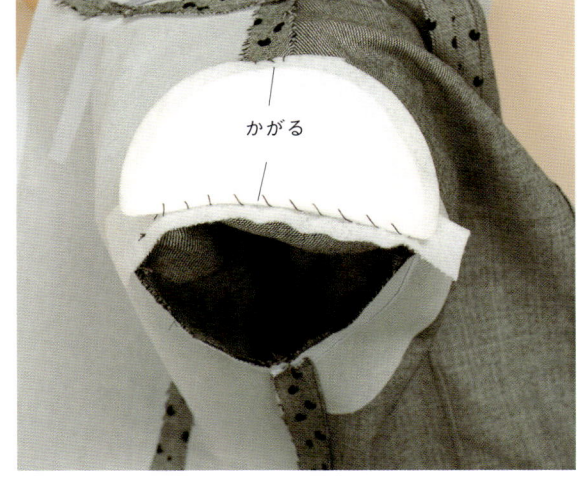

山布　両端は2〜3止め残す　後ろ

中心　SP　後ろ側　前側　1

4 肩パッドは、厚みが0.5cmぐらいで袖つけ側が丸いものを使います。肩パッドは、袖つけ線より0.5cmぐらい出してすえ、表側から袖つけ線のきわにまち針で止め、袖がきれいについているかチェックします。肩パッドの衿ぐり側を肩縫い代に止め、袖側は表布の縫い代がないので山布にかがります。

かがる

細身がきれいなジャケット　15

8 表身頃と裏身頃を縫い合わせて仕上げる

1 表衿と裏衿、見返しと表身頃を合い印と布端をそろえて中表に合わせ、右前端の裾から衿の外回り、左前端の裾までぐるりと縫います。表衿にはあらかじめゆとりが入っているので、身頃側を上にしてミシンをかけると、自然に必要なゆとりが入ります。見返し裾、前端、衿の外回りの縫い代を割ります。裏衿の外回りと見返しの前端、裾の縫い代を0.3cmにカットして段差をつけ、すっきり仕上げます。ただし、衿の刻みの部分は縫い代を0.5cmに切りそろえて切込みを入れ、2枚一緒にぐし縫いをして、縫い目のきわからアイロンで折ります。

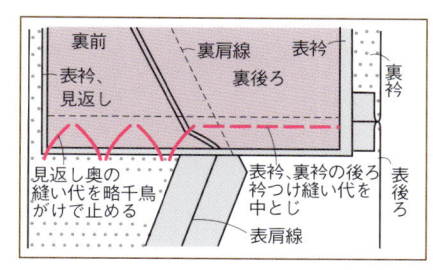

2

表に返し、裏袖を表袖の中に入れます。表衿の外回り、見返しの前端、裾を控えぎみに整えてしつけをし、アイロンで落ち着かせます。表衿のゆとりを確認して、見返し奥の返り止りのあたりから後ろ衿つけ線の縫い目をまち針で止めます。裏身頃をめくり、表衿と裏衿の後ろ衿つけ縫い代を一緒にしつけ糸で中とじします。続けて、見返し奥の縫い代を返り止りのあたりまで略千鳥がけで芯に止めます。いずれも表身頃にひびかないように、しつけ糸2本どりで粗い針目でゆるめに止めます。

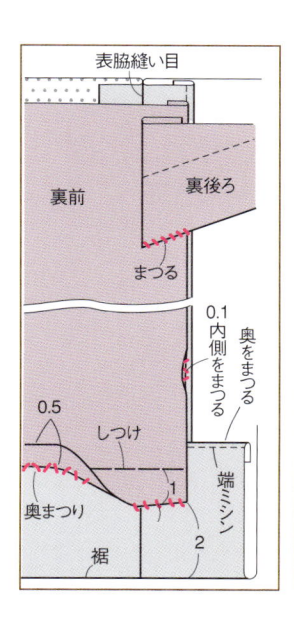

3

身頃の袖ぐり下では表布と裏布を3cm、袖山点は裏布と肩パッドを1cmぐらいゆるめに中とじします。裏後ろの中心を糸ループで止めます。
表裾は出来上りに折って奥をまつります。裏裾は表裾より2cm控えて折り、奥まつりをします。見返し奥の裾側と裏布の前脇縫い代は図のように始末します。袖口は表布より裏布を2cmぐらい控えてまつり、あきみせに飾りボタンをつけます。身頃の右前端にボタンホール、左前端にボタンをつけます。

細身がきれいなジャケット

Pattern a 応用
ショートジャケット

形がきれいな衿なしジャケットは着る用途が広くてとても重宝します。初めて裏布つきジャケットを作ってみよう、という人にはお勧めです。ツイードやジャカードなど、織りがざっくりした布地は、針目や縫縮みも目立たないので仕上りがきれいです。ダーツの縫い目を利用したポケットがついています。

- 使用パターン…a
- 修正パターン…p.64
- 作り方…p.20

縫い方順序

1. 接着芯と接着テープをはる→page8
2. 前見返しに裏前身頃をつける
3. ポケットを仮止めしてウエストダーツを縫う→page20
4. 表布と裏布の肩をそれぞれ縫う→page21
5. 衿ぐりと前端を縫い返して始末する→page21
6. 表身頃と裏身頃の脇をそれぞれ縫う
7. 袖を作る→page13
8. 袖、山布、肩パッドをつける→page15
9. 仕上げる→page16

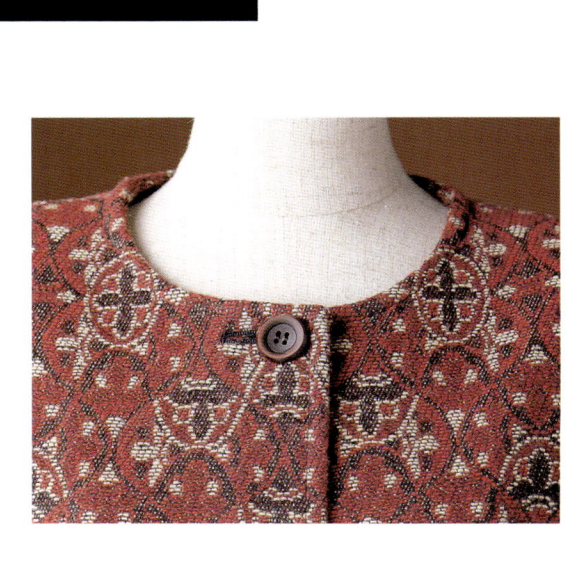

ショートジャケット

ポケットつけ

1 前全面に接着芯をはり、前端と衿ぐりに伸止めの接着テープをはり、見返しに裏布をつけておきます。

2 ポケット布は全面に接着芯をはり、裾を残してロックミシンをかけ、口は出来上りに折って軽くまつります。

3 ポケットをしつけで止めますが、その前に、身頃の裾の折り代を1.5cmに切り、ポケット布にミシンで止めておきます（**5**参照）。ポケットは体に添い、手が入るようにゆとり分がふくまれています、このゆとりを逃がさないようにしつけをしてください。

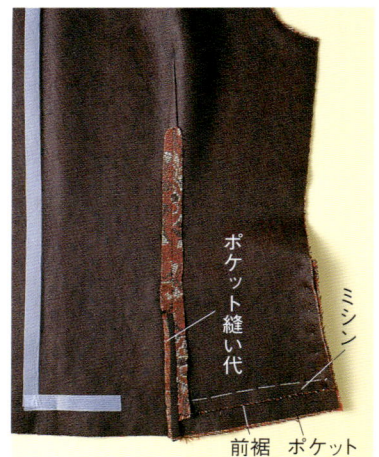

4 ダーツを縫い、縫い代を割ります。ポケットの縫い代は前中心側に倒します。

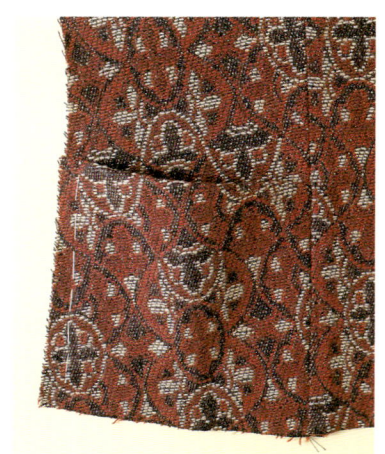

5 ダーツを縫い終えて、表面から見たところです。

衿ぐりと前端の始末

1 表布の肩を縫い、縫い代を割ります。

2 後ろ見返しの後ろ中心と前後の肩を縫い、縫い代を割ります。

3 表裏の身頃を中表に合わせて前端を折り、衿ぐりにしつけをします。写真は表布の裏です。

4 3を返して裏身頃の裏面から見たところです。

5 衿ぐりを縫います。

6 縫い代に、ミシン目より0.2cm手前まで切込みを入れ、表布側に縫い代を折ります。

7 表に返して、衿ぐりをアイロンで整え、前端から衿ぐりまで、ぐるっと1cm幅のステッチをかけます。

Pattern b
クラシカルなコート

小さめのステンカラー、ネックダーツ、ストレートシルエット、バックのマーティンゲール、どれをとっても懐かしい、コートの基本ともいえるスタイルです。つかず離れずのすとんとした長いシルエットは着るとほっそり見えます。このようなシンプルなコートは布に表情があるツイード系が無難です。

- 使用パターン…b
- 製図…p.70
- 作り方…p.24

縫い方順序

1. 接着芯と接着テープをはる→page26
2. 前と後ろを縫う→page27
3. ポケットを作りながら脇を縫う→page29
4. 衿を作る→page30
5. 肩を縫って、衿をつける→page31
6. 裏身頃を作る→page32
7. 袖を作る→page32
8. 袖、山布、肩パッドをつける→page35
9. マーティンゲールをつける→page35
10. 表身頃に裏身頃をつける→page36
11. 裾を始末して、ボタンとスナップをつける→page37

■実物大パターンについて

●パターンのサイズ表

この表の各寸法はヌード寸法で、出来上りの寸法は（　）の中に表示しています。単位＝cm

	S	M	ML	L
バスト	80 (101)	83 (105)	86 (111)	89 (117)
ヒップ	89 (105)	91 (109)	95 (115)	97 (121)
身長	150	158	158	166
背丈	37	38	39	40
背肩幅	(39)	(40)	(41.5)	(43)
袖丈	49.5 (57)	52 (58)	53 (59)	55 (60)
着丈	(111)	(113)	(116)	(119)

■パターンの準備

●裏布パターンを作ります

裏袖のパターンは、袖をつけると袖ぐり下縫い代が立った状態になるため、その分をくるむゆとりとして、丈と幅の寸法を追加したパターンを作ります。

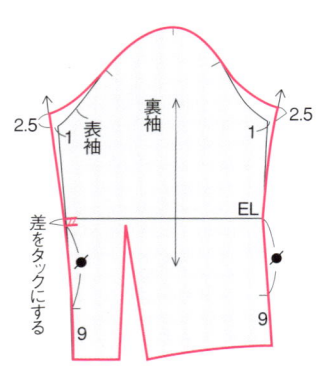

●準備するパターン（表布）

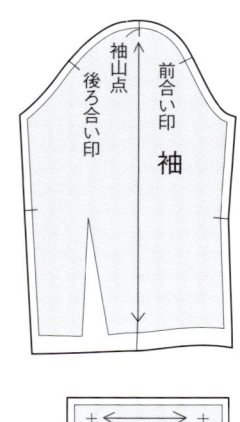

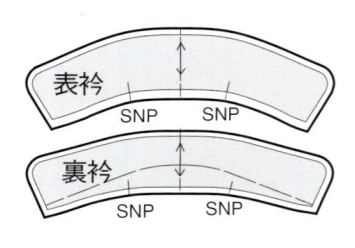

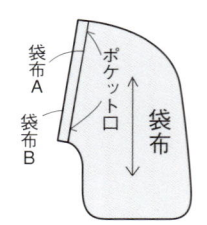

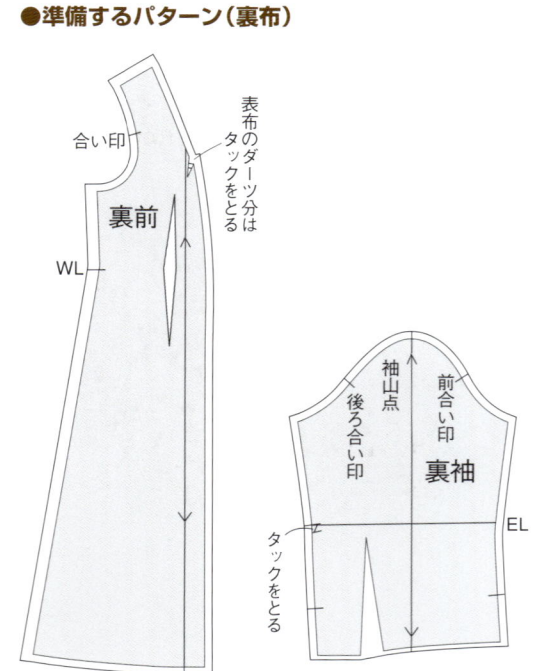

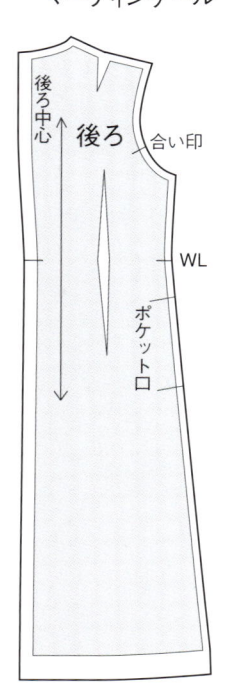

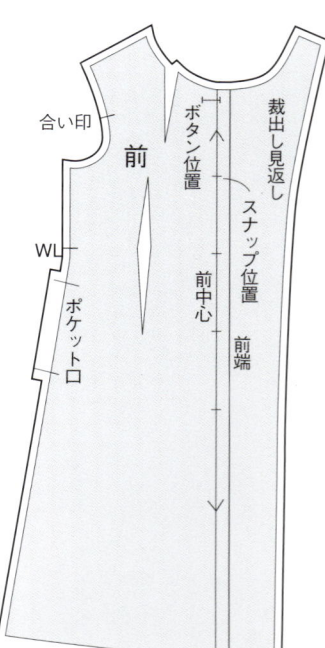

●準備するパターン（裏布）

マーティンゲール

■縫い代を正しくつけて裁断する

パターンは出来上りの大きさに作るか、裁合せ図に示された縫い代で、縫い代つきのパターンを作るか、いずれにしても、表布、裏布とも出来上りの印はつけずに、図のように縫い代をつけて裁切り線をチョークでしるし、正確に裁ちます。合い印や中心、裾線などにはノッチ（縫い代に入れる0.3～0.4cmの切込み）を入れます。織り糸が太くてほつれやすい場合は、出来上り線に切りじつけで印をつけたほうが安心です。このとき、全体に接着芯をはる衿や前身頃などは、芯をはってから切りじつけをすると、後で切りじつけの糸が簡単に取れます。

●表布の裁合せ図（Mサイズ）

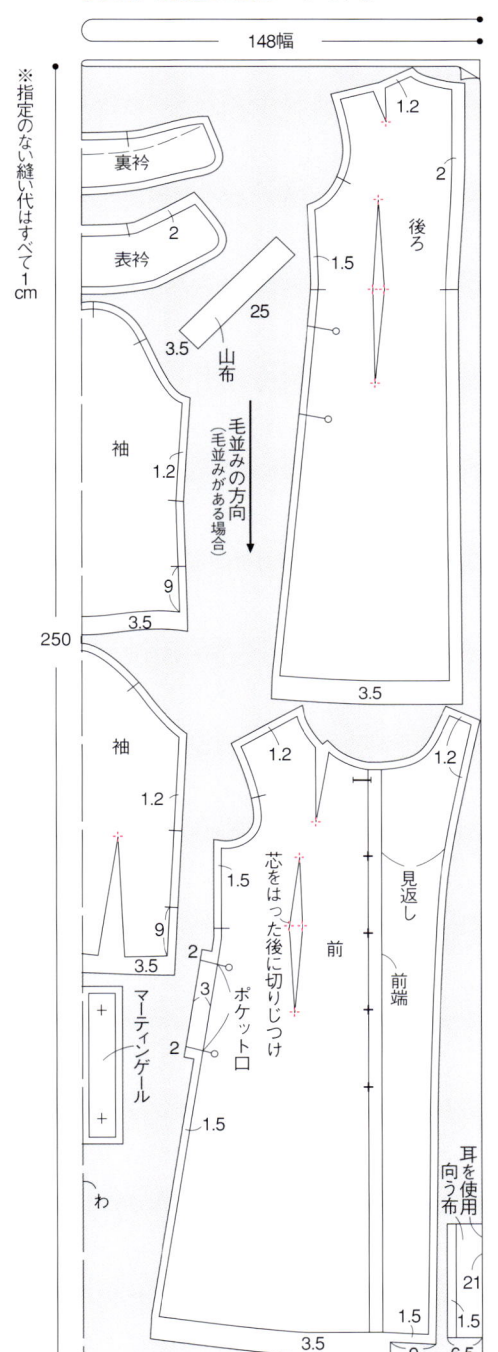

148幅　250　※指定のない縫い代はすべて1cm

（裏衿、表衿、山布、袖、毛並みの方向（毛並みがある場合）、後ろ、前、見返し、前端、ポケット口、マーティンゲール、わ、耳を使用向う布）

●裏布の裁合せ図（Mサイズ）

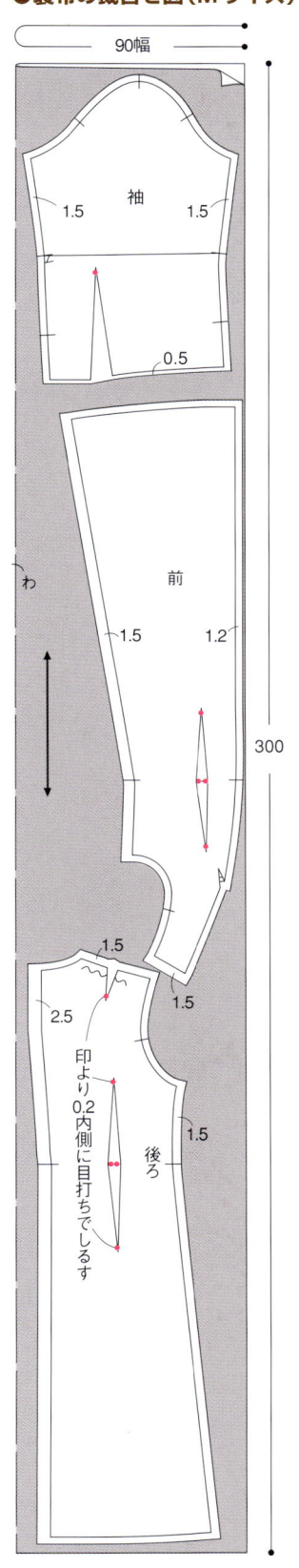

90幅　300

（袖、前、後ろ、わ、印より0.2内側に目打ちでしるす）

●使用量と材料

表布＝148cm幅2m50cm
裏布＝90cm幅3m
接着芯（インテックスITX-50）＝90cm幅2m90cm
スレキ（袋布、ダーツの当て布分）＝100cm幅60cm
接着テープ（インテックス1230）＝1.2cm幅
ボタン＝直径2.7cm1個（前端用）、直径2.5cm2個（マーティンゲール用）、直径2.3cm2個（袖口用）、力ボタン1個（前端用）
スナップ＝直径1.5cm 4組（前端用）
厚み1cmの肩パッド

クラシカルなコート

1 接着芯と接着テープをはる

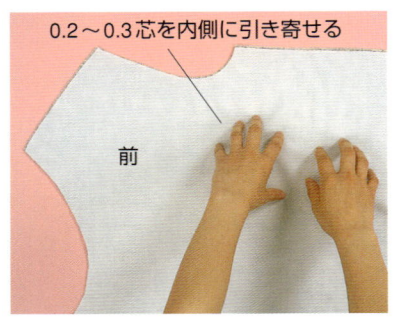

□ は接着芯（ITX-50）

□ は1.2幅の接着テープ（インテックス1230）

＊芯の布目は表布と同じ

接着芯は、表布がざっくりした布なので、適度に張りがある接着芯、ここではインテックスのITX-50をはりました。接着テープをはった後、前、後ろ、袖のすべてのダーツの中心に、仮止めとダーツ位置の印を兼ねて粗ミシンをかけます。こうするとその後の作業がスムーズです。脇、後ろ中心、見返し奥の縫い代をロックミシンで始末します。

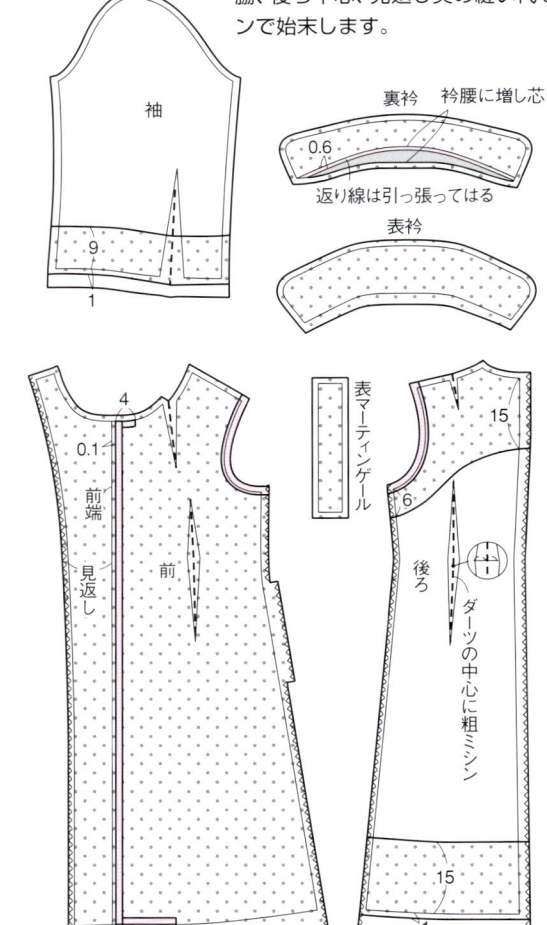

1 接着芯は表と同じ大きさに裁ち、引っ張らないで、ふわっと前の上に重ね、全体を布端から0.2〜0.3cmぐらい内側に引き寄せ、ゆとりを入れてはるのがポイントです。これによって芯がはがれたり、突っ張ったりするのを防ぎます。

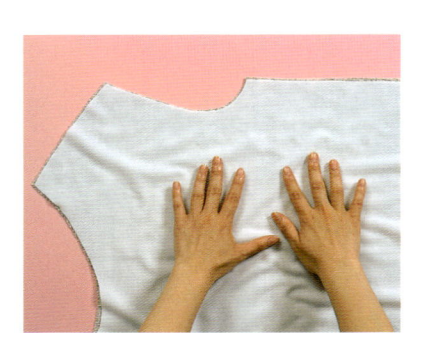

0.2〜0.3芯を内側に引き寄せる

前

袖　9　1

裏衿　衿腰に増し芯　0.6　返り線は引っ張ってはる

表衿

前端　見返し　前　0.1　4　12

表マーティンゲール

後ろ　15　6　ダーツの中心に粗ミシン　15

2 ゆとりが布全体に均一に入るように、指先やてのひらで芯をなじませます。

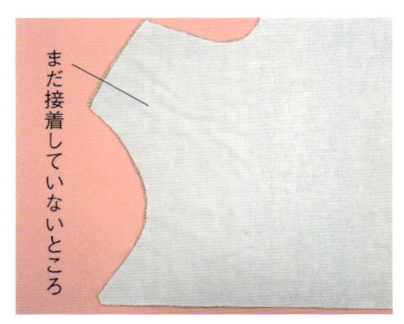

まだ接着していないところ

3 アイロンで押さえながら接着します。織り糸の間に芯がもぐり込むので、ゆとりがきれいに落ち着きます。温度は中温で、1か所につき8〜10秒を目安に接着。写真はアイロンで押さえたところとそうでないところの違いです。

前　前袖ぐり　脇

テープの内側は伸ばさないで平らに、縫い代側はいせぎみに接着

4 伸止めのために1.5cm幅のテープをはります。前端、裾は平らにはります。袖ぐりのカーブ部分は、テープを伸ばさないように内側を平らに、縫い代側にゆとりが入って波打つような状態にしてから、その浮きをなじませてはります。なお、薄くすっきり仕上げたいので、衿ぐりと前肩にははりません。

JACKET & COAT

5 裏衿全体に接着芯をはり、さらに衿腰の部分に増し芯を重ねてはった後、半幅にカットした接着テープを返り線にはりますが、抜き衿にならないように、少し引っ張りぎみにはってください。

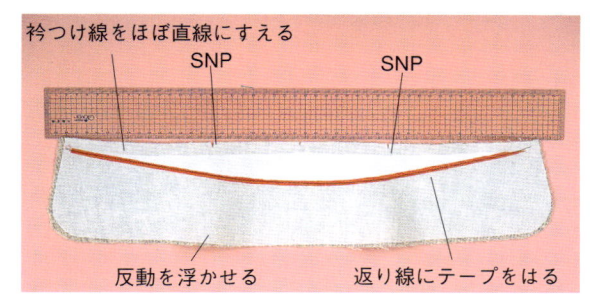

衿つけ線をほぼ直線にすえる
SNP　SNP
反動を浮かせる　返り線にテープをはる

6 裏衿の衿つけ線をほぼ直線にして、その反動を衿の外回りのサイドネックポイント（SNP）の上あたりに寄せて浮かすようにします。

2 前と後ろを縫う

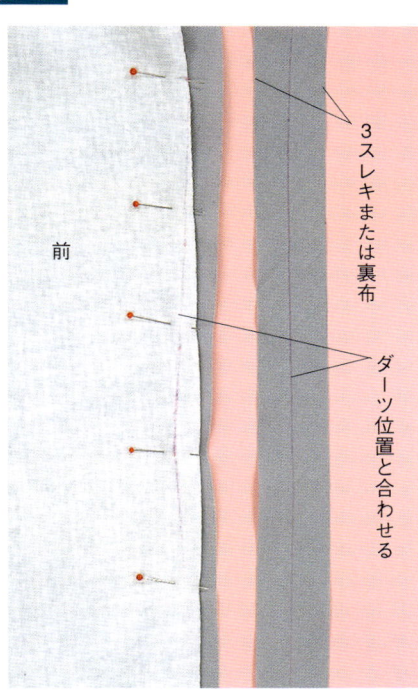

前
スレキまたは裏布
ダーツ位置と合わせる

1 ダーツは、縫う前に中央に軽く折り山をつけておきます。ウエストダーツはバイアス裁ちのスレキ、なければ裏布を当てて一緒に縫います。

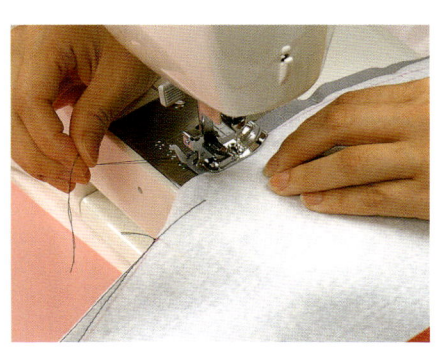

丸くカット
縫い目を割る

2 ダーツの先は、織り糸1本に針を落として慎重にミシンをかけ始め、糸がからまないようにミシン糸を手で引っ張りながら縫います。ダーツの先の糸は、2本一緒に結んで止めます。

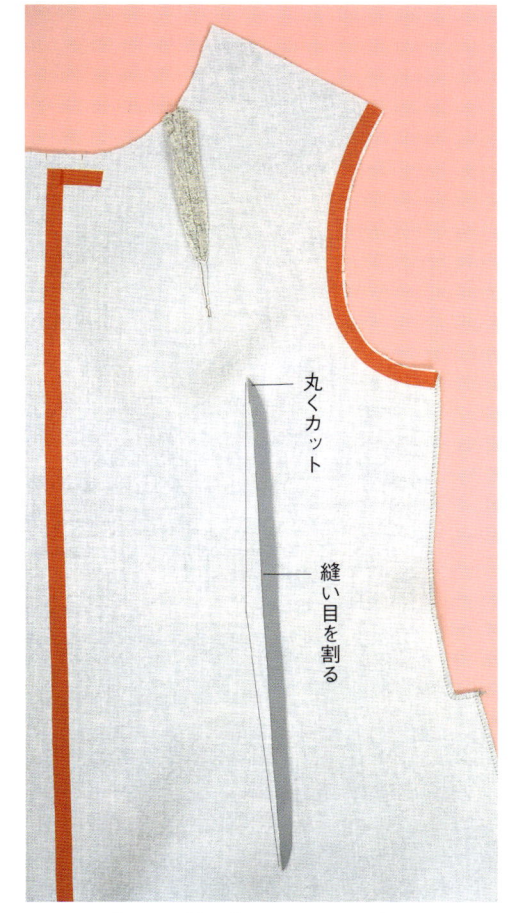

3 ダーツの縫い代とスレキの間をアイロンで割ると、縫い目に段差がつかないので、すっきり落ち着きます。衿ぐりダーツは縫い代に途中まで切込みを入れて割り、ダーツの先は中心側に倒します。

クラシカルなコート　27

4 衿ぐりのダーツのアイロンは仕上げうまのように丸みのあるアイロン台で、ダーツの先が飛び出さないようにアイロンの先を左右にまんべんなく動かして、平らな布に丸みを持たせます。

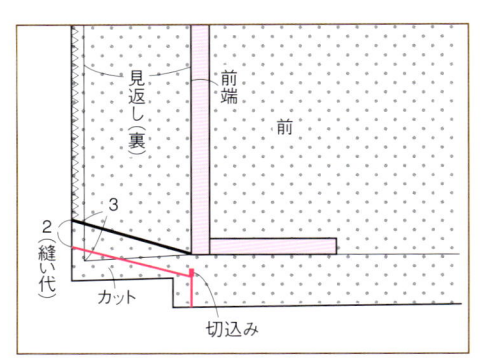

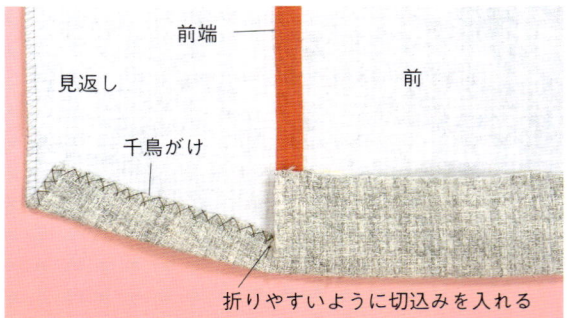

5 前端と前裾を出来上りにアイロンで折り、見返し裾は斜めにカットして、前端の位置に切込みを入れてから折り上げ、見返し裾を千鳥がけで止めます。こうしておくと前端の始末がスムーズに運びます。

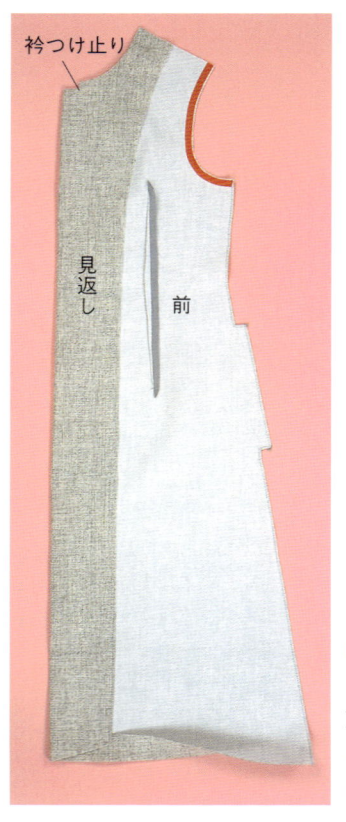

6 見返しを前端で中表の状態に折り、衿ぐりの前端から衿つけ止りまでを縫い返します。

7 後ろのウエストダーツは、前と同様にスレキをすえて縫い、肩ダーツはそのまま縫って、縫い代の途中まで切込みを入れて割り、先は中心側に片返し。後ろ中心は縫い割ります。

28 JACKET & COAT

3 ポケットを作りながら脇を縫う

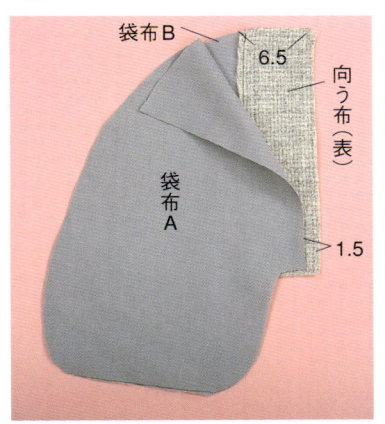

1 袋布はスレキまたは裏布を使い、パターンどおりに裁ちます。ポケット口側の縫い代は1.5cmの差をつけて裁ち、袋布Bのポケット口側に向う布を止めつけます。

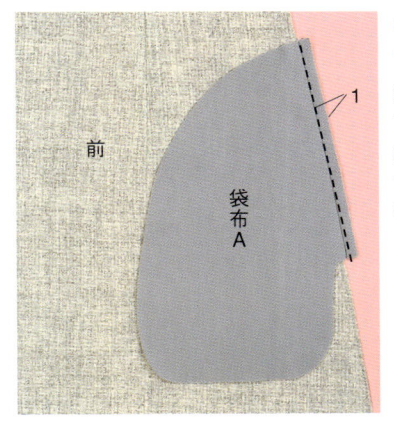

2 袋布Aを前につけます。前の縫い代端と袋布Aの布端を合わせて、1cmの位置を縫います。

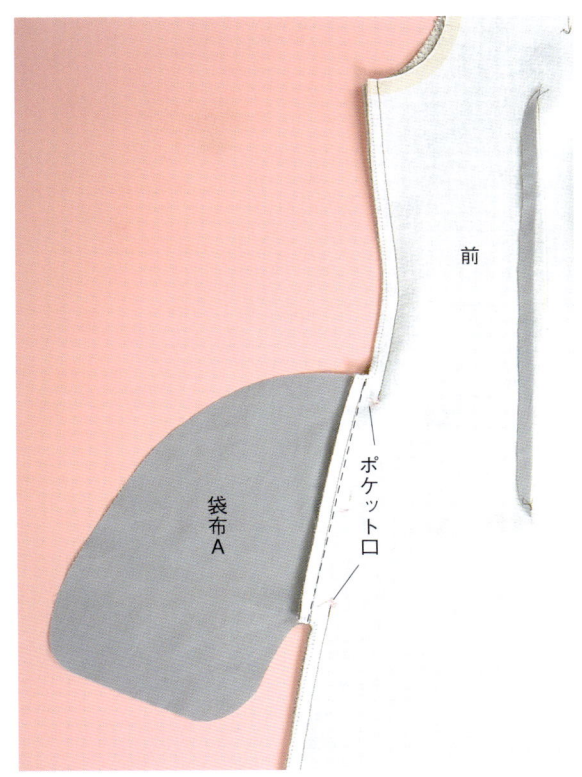

3 前後身頃を中表に合わせて、ポケット口を残して脇を縫います。脇縫い目はバイアスなので、伸びないように裾から袖ぐりに向かって縫います。

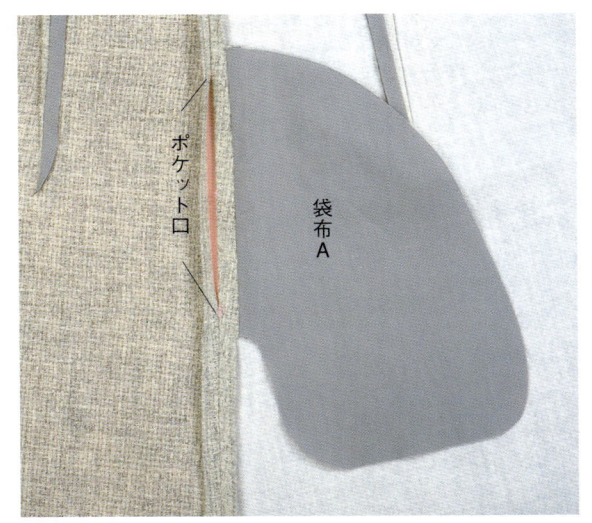

4 袋布Aを縫い目のきわから縫い代側に倒し、脇縫い代は割ります。

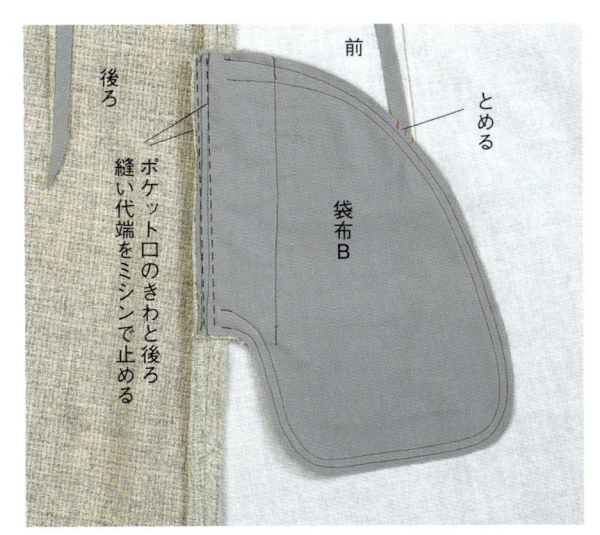

5 袋布Bを袋布Aの上にのせ、ポケット口のきわと後ろ縫い代端に止めミシンをかけます。身頃をはねて袋布の回りに2本ミシンをかけます。脇が縫い終わってから、裾線をロックミシンで始末しておきます。

クラシカルなコート

4 衿を作る

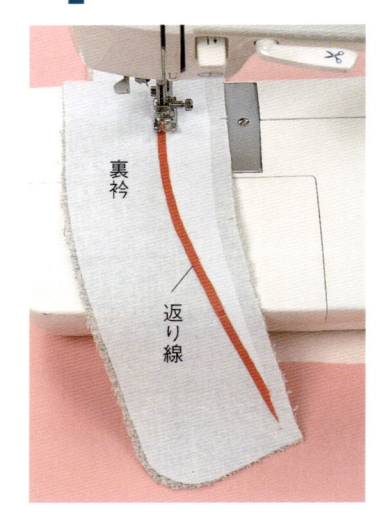

1 裏衿の返り線にはった接着テープに止めミシンをかけます。ほぼ直線にすえて、ショルダーネックポイント（SNP）の上あたりがいせられるようにミシンをかけます。

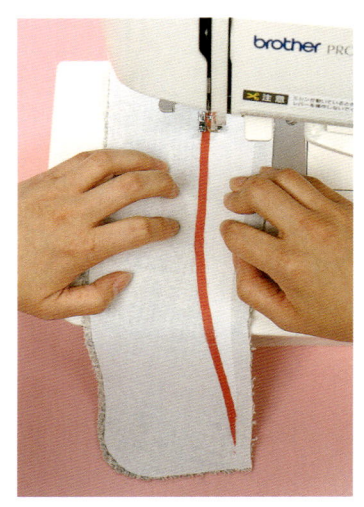

2 衿つけ線がまっすぐになるような気持ちで、ミシンをかけます。こうするとネックポイントあたりで自然にいせられます。

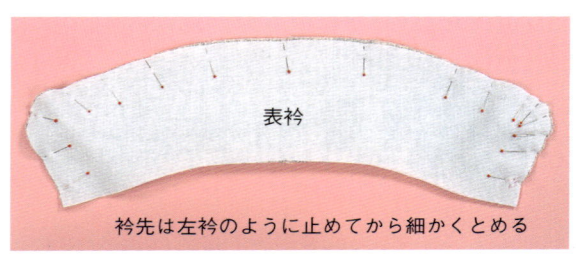

3 表衿と裏衿を中表にし、外回りは2枚の布端と合い印を合わせて、まち針で止めてからしつけをかけます。

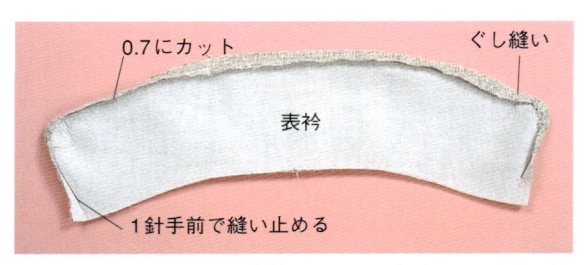

衿先は左衿のように止めてから細かくとめる

4 裏衿を上にして、表衿のゆとりを逃がさないように注意しながらミシンをかけます。縫始めと縫終りは、出来上りより1針手前で縫い止めます。このほうが衿つけがしやすく、きれいに仕上がるからです。縫い代は割りますが、厚くならないように、裏衿の縫い代を0.7cmにカットして縫い代幅に段差をつけ、さらに衿先の丸みの部分を1枚ずつぐし縫いして縮め、アイロンで落ち着かせます。

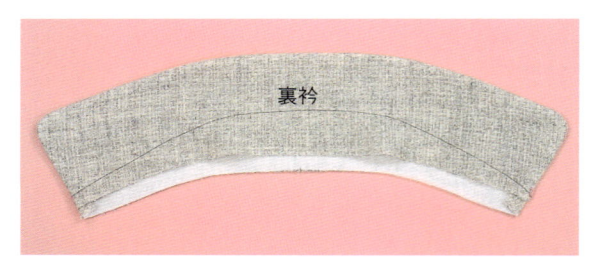

0.7にカット　ぐし縫い　1針手前で縫い止める

5 アイロンの熱が冷めてから衿先のぐし縫いの糸を抜いて、表に返します。衿の外回りの裏衿をごくわずかに控え、毛抜き合せに近い状態でアイロンをかけ、しつけで落ち着かせます。裏衿を控えすぎると、衿を立てて着たときに、衿がきれいではなくなるからです。

6 表衿の返り線にゆとりが入るように、裏衿の後ろ返り線に左手の中指と人さし指を当てて衿を折り、その指にそって斜めじつけで止めていきます。表衿に必要なゆとりが保てます。

5 肩を縫って、衿をつける

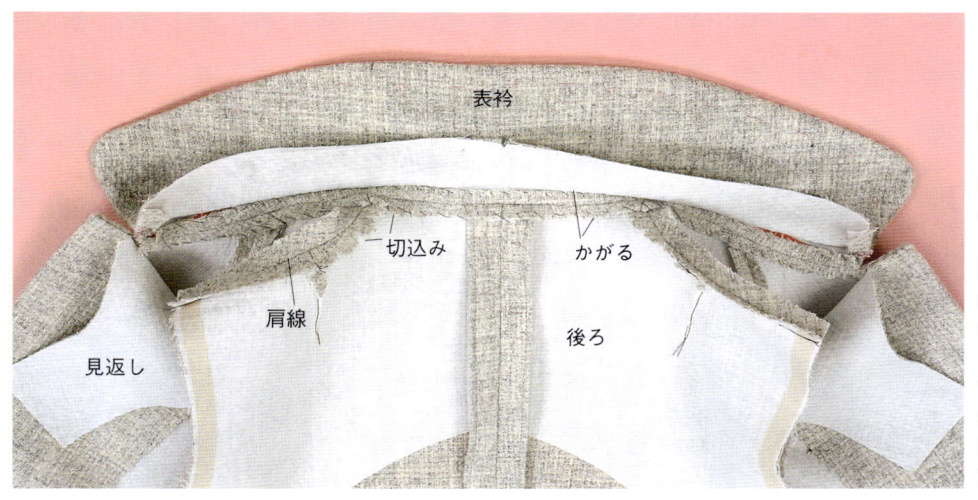

1

中表に合わせ、肩を縫い割ります。後ろ肩線が少しカーブしているので、縫いにくいようなら縫い代に切込みを入れておくと縫いやすくなります。表身頃の衿ぐりと裏衿を縫い合わせ、身頃の縫い代に切込みを入れて、少しずつアイロンで押さえて割り、縫い代が起き上がらないように、衿と身頃の縫い代を芯に粗くかがりつけます。

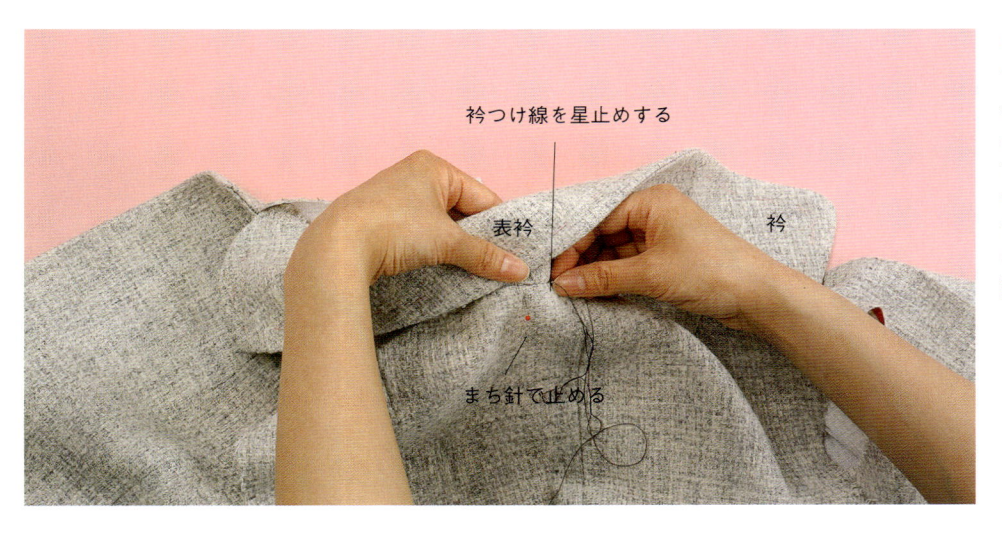

2

衿を返り線で折り、表衿の返り線のゆとりを左手で押さえながら、表衿をまち針で衿つけ線に止めます。表身頃側から衿つけ線の縫い目に星止めの要領で表衿を止めます。

3

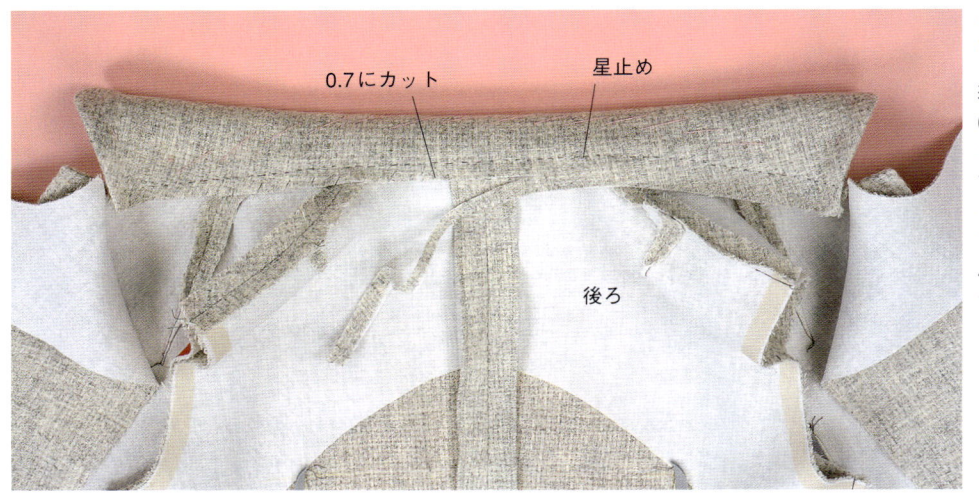

表衿の衿つけ縫い代を0.7cmにカットし、つれる部分に切込みを入れます。このように、各工程でぐあいを見ながらゆとりを微調整して作ると、初心者でも簡単に美しく着やすい衿ができます。

6 裏身頃を作る

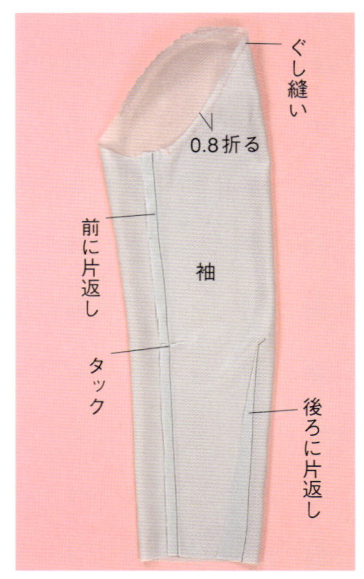

画像ラベル（袖）:
- ぐし縫い
- 0.8 折る
- 前に片返し
- 袖
- タック
- 後ろに片返し

画像ラベル（身頃）:
- 3
- 0.3〜0.4
- 1
- 後ろ
- 前
- タックに止めミシン
- 0.3〜0.4
- 三つ折りミシン

1 裏布は出来上り線より0.2〜0.3cm縫い代側を縫い、出来上りで片返ししてゆとりを入れます。これをきせをかけると言います。袖はダーツと袖下をいずれもきせをかけて縫い、縫い代はダーツは後ろ側に、袖下は前側に片返しにします。後ろ袖下の長くなっている分は、小さなタックをとって縫い合わせます。
袖山はしつけ糸でぐし縫いをして、糸を引いていせ分を縮めます。

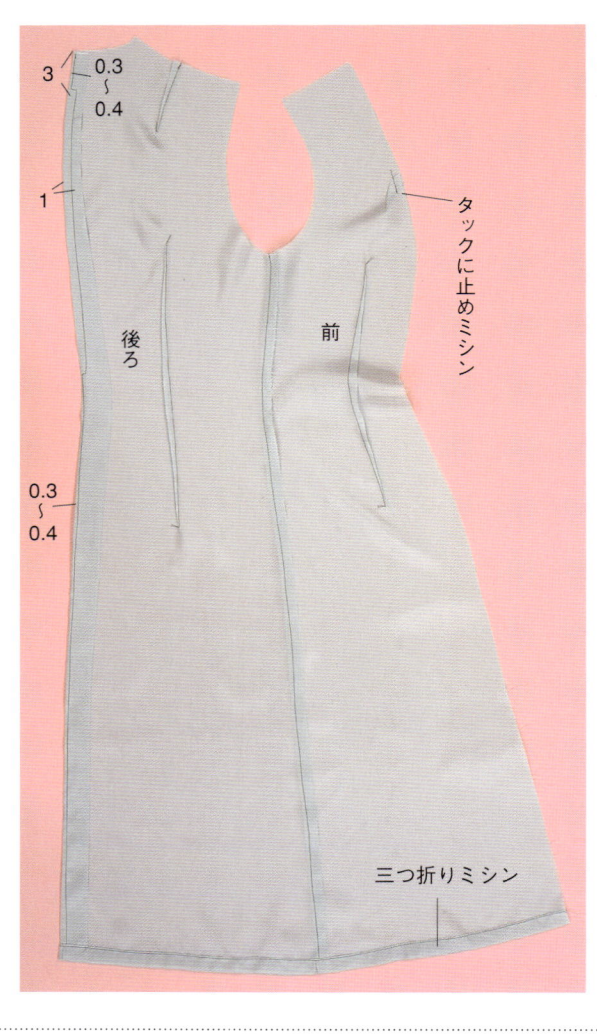

2 運動量が必要な後ろ中心は、写真のように背中のあたりで多めにきせをかけて縫い、右側に片返しにします。表布の前でとったダーツ分を、裏布では見返し奥に小さなタックをとって処理します。裾は2cm幅の三つ折りミシンで始末します。

7 袖を作る

画像ラベル:
- 合い印
- 後ろ袖下をいせ込む
- 合い印

1 袖下を縫います。後ろ袖下にいせが入るように、布端と合い印を合わせ、前袖側を上にしてまち針で止めて縫い、縫い代を割ります。

2 ひじのあたりを縫うときは、左手で布を押さえて、右手で下側の布を引き出すように持ってミシンをかけると、うまくいせが入ります。

32　JACKET & COAT

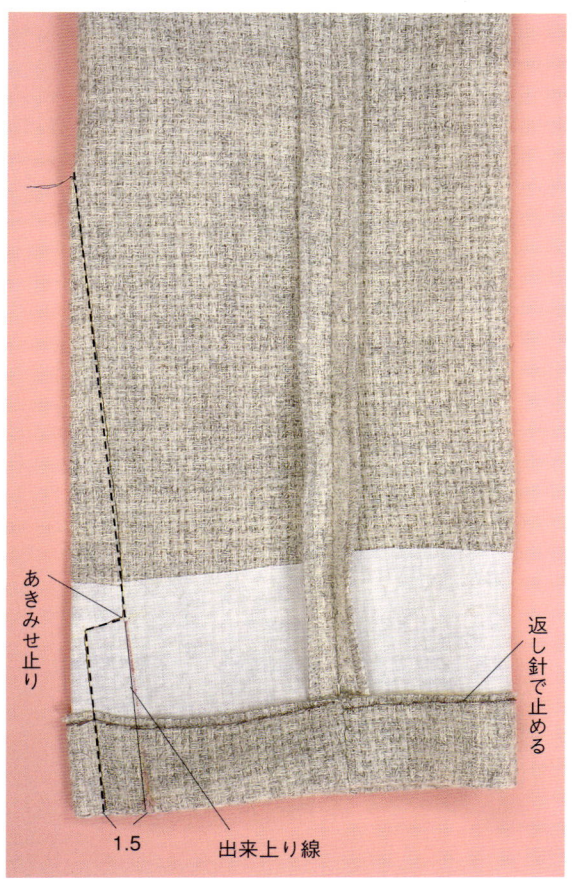

3 袖口を折り上げて、返し針で芯にゆるく止めます。袖口ダーツを縫い、あきみせの部分は1.5cm縫い代側を縫います。

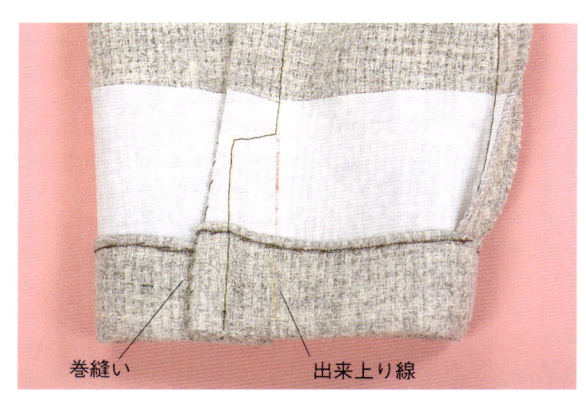

図ラベル: あきみせ止り / 返し針で止める / 1.5 / 出来上り線

4 ダーツを前側に倒し、縫い代の始末をします。

図ラベル: 巻縫い / 出来上り線

5 表に返し、あきみせの部分に直径2.3cmの飾りボタンをつけます。

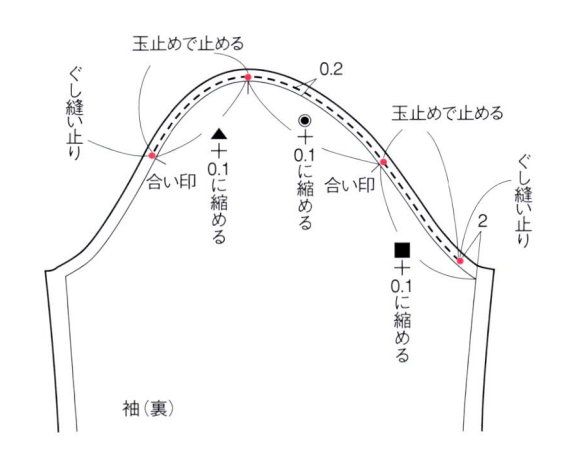

図ラベル: あきみせ止り

6 袖山にしつけ糸2本どりでぐし縫いをします。図のように袖下、袖山、合い印の間で0.1cmぐらいのゆとりをもたせて、袖山をいせます（p.14参照）。いせが逃げないように合い印で玉止めするか、返し縫いをしながらぐし縫いします。

図ラベル: 玉止めで止める / ぐし縫い止り / 合い印 / ▲+0.1にに縮める / ◉+0.1に縮める / 合い印 / 玉止めで止める / ぐし縫い止り / ■+0.1に縮める / 0.2 / 2 / 袖（裏）

クラシカルなコート

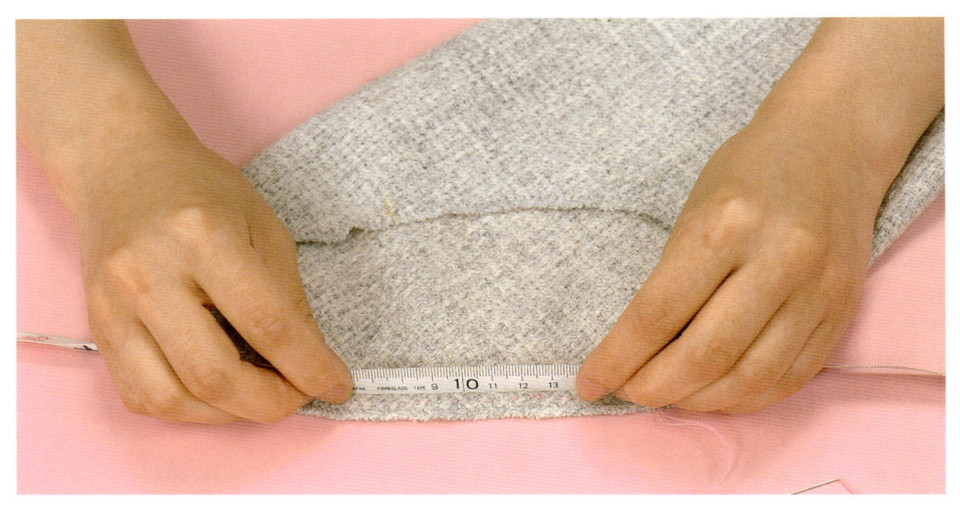

7 念のために袖山にメジャーを当て、6で縮めた寸法を確認します。仕上げうまにすえ、袖つけ縫い代の浮きを、アイロンでいせるようにつぶして落ち着かせます。

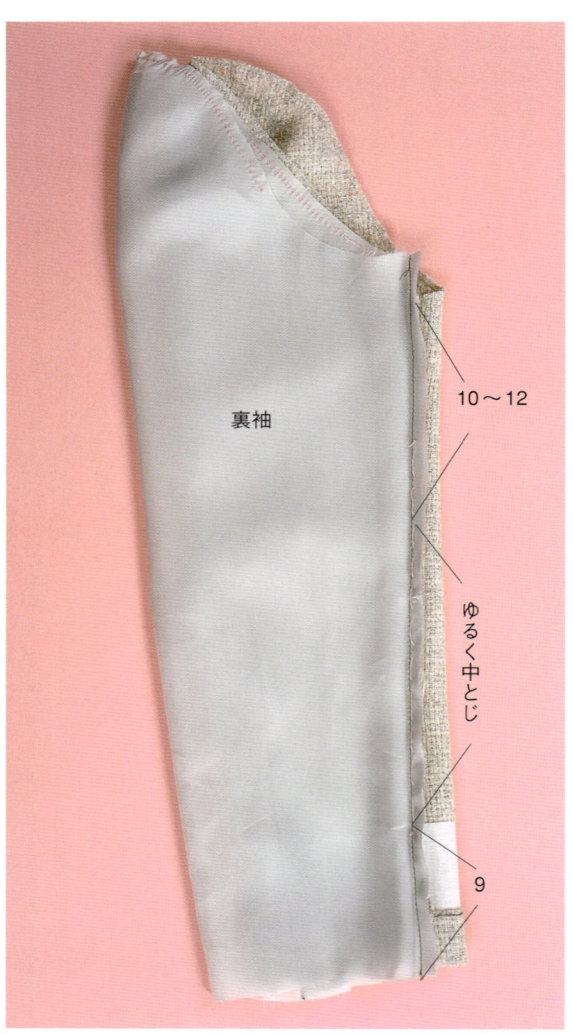

裏袖
10〜12
ゆるく中とじ
9

まつる
2

8 表袖と裏袖の袖下縫い代を中とじします。合い印を合わせて裏袖をゆるませ加減にまち針で止め、しつけ糸1本どりでゆるめに中とじします。

9 表に返し、表袖と裏袖をなじませて袖山側はしつけで止め、袖口側はまち針で止めます。この後、袖口は裏布を表布より2cm控えてまつります。

34 JACKET & COAT

8 袖、山布、肩パッドをつける

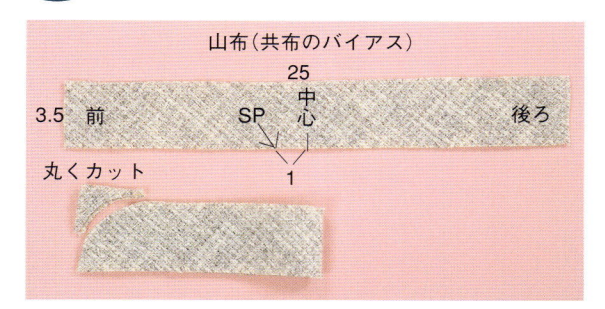

山布（共布のバイアス）
25
3.5　前　SP　中心　　　　　後ろ
1
丸くカット

1 袖つけの前に、写真のように共布で山布を用意します。

止める
後ろ
半返し縫いで止める

肩パッド
後ろ　中心　SP　前
1

2 袖と身頃を中表に合わせ、布端と合い印を合わせて袖つけミシンをかけます。袖つけ縫い代のあたりを防ぐために、袖の裏側に山布をつけます。山布と袖つけ縫い代端をそろえ、袖山にそわせるように袖つけミシンのきわを半返し縫いの要領でミシン糸でとじます。糸は引っ張らず、ゆとりをもって左から右方向にしっかり止めます。

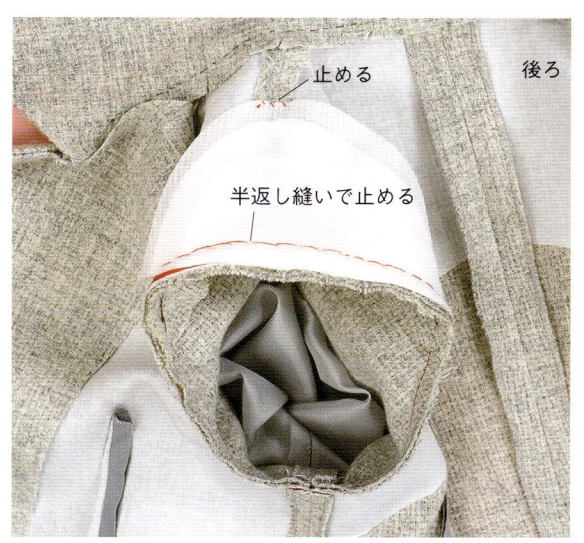

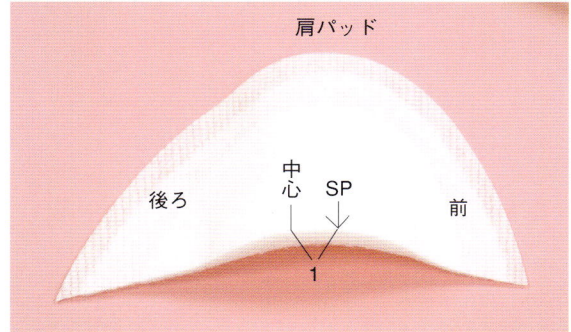

3 肩パッドは、厚みが1cmぐらいの半円タイプを使います。袖つけ線より1.2cm出してすえ、表側から袖つけ線のきわをまち針で止め、袖がきれいについているかチェックします。袖つけ縫い代に一針一針、直角に針を刺してゆるめに半返し縫いでとじつけます。衿ぐり側は、肩縫い代にゆるく止めます。

9 マーティンゲールをつける

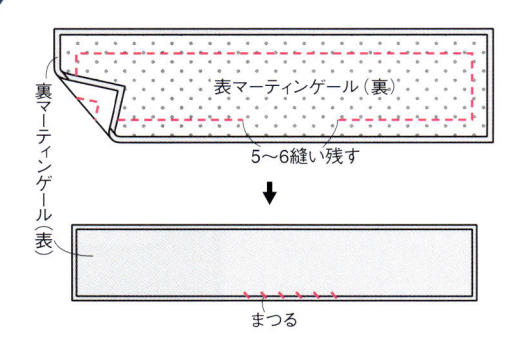

表マーティンゲール（裏）
裏マーティンゲール（表）
5〜6縫い残す
まつる

マーティンゲール（飾りベルト）を作り、後ろつけ位置に直径2.5cmのボタンで留めます。

クラシカルなコート

10 表身頃に裏身頃をつける

芯に略千鳥がけで止める

裏前

前

13

1 表裾を出来上がりで折り、折り代奥をまつります。見返し奥に前裏布をつけて、後ろ裏布と合わせて、0.2cmのきせをかけて肩を縫います。肩縫い代は後ろに片返しにします。見返し奥の縫い目の位置を、ウエストライン（WL）から裾までまち針で止めます。裏身頃をめくり、縫い代を芯に止めます。表身頃にひびかないように、粗い針目の略千鳥がけでゆるめに止めます。

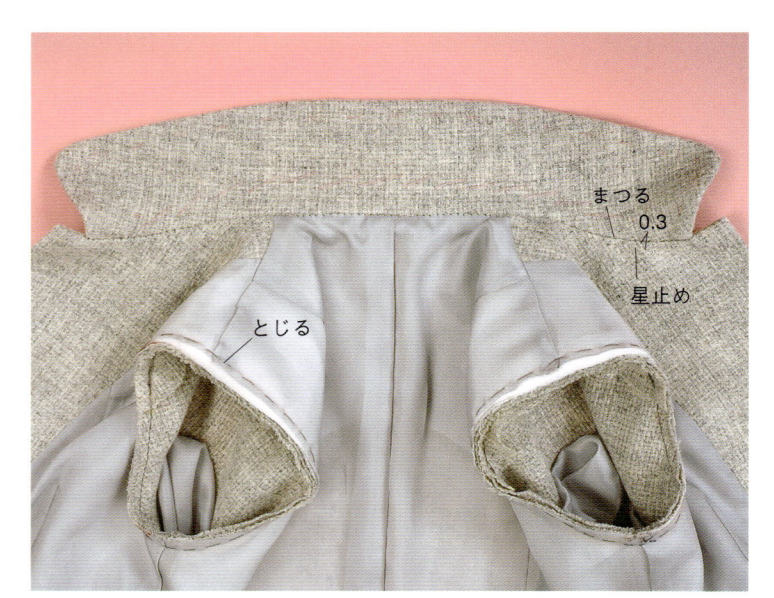

とじる

まつる
0.3
星止め

星止め

袖下縫い代をくるむようにまつる

2 裏身頃の前後衿ぐり縫い代に切込みを入れ、出来上がりに折ります。表衿を止めた星止めの針目を隠してまつります。さらに、前衿ぐり線の0.3cm奥に見返し側から星止めをしておくと、見返しの衿ぐりが落ち着きます。表身頃と裏身頃の後ろ中心縫い目を合わせてまち針で止め、しつけ糸で衿ぐり12cm下から裏裾20cm上まで中とじします。裏布の袖ぐりを表布になじませ、裏身頃側から、袖つけ縫い目のきわをしつけでとじます。

3 裏袖山のぐし縫いを縮めて出来上り線で折り、合い印を合わせながら袖つけ縫い目のきわにまつりつけます。袖ぐり下の部分は、袖つけ縫い代をくるむようにしてまつり、さらに0.5cm内側に13cmぐらい星止めをして落ち着かせます。

JACKET & COAT

11 裾を始末して、ボタンとスナップをつける

見返し奥と脇縫い目の裾側の4か所を2cmぐらいの糸ループで止めます。前端上部の右前にボタンホールをかがり、左前に直径2.7cmのボタンを力ボタンとともにつけ、ほかはスナップをつけます。

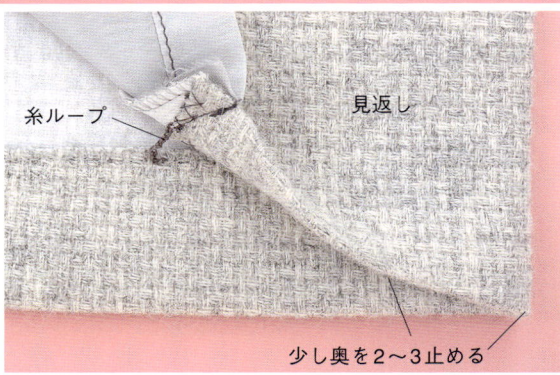

糸ループ

見返し

少し奥を2〜3止める

クラシカルなコート

Pattern b 応用1
気軽にはおれるショートコート

腰をおおうショート丈のコート。p.22のコートの丈を短くしただけですが、ロング丈に比べて気軽に着られ、普段着のコートには最適です。デザイン的に10代から年配のかたまで着られるのがベーシックコートのいいところ。好みの布地で作ってください。

- 使用パターン…b
- 修正パターン…p.65
- 作り方…p.26

縫い方順序

1 接着芯と接着テープをはる→page26
2 前と後ろを縫う→page27
3 ポケットを作りながら脇を縫う→page29
4 衿を作る→page30
5 肩を縫って、衿をつける→page31
6 裏身頃を作る→page32
7 袖を作る→page32
8 袖、山布、肩パッドをつける→page35
9 マーティンゲールをつける→page35
10 表身頃に裏身頃をつける→page36
11 裾を始末して、ボタンをつける→page37

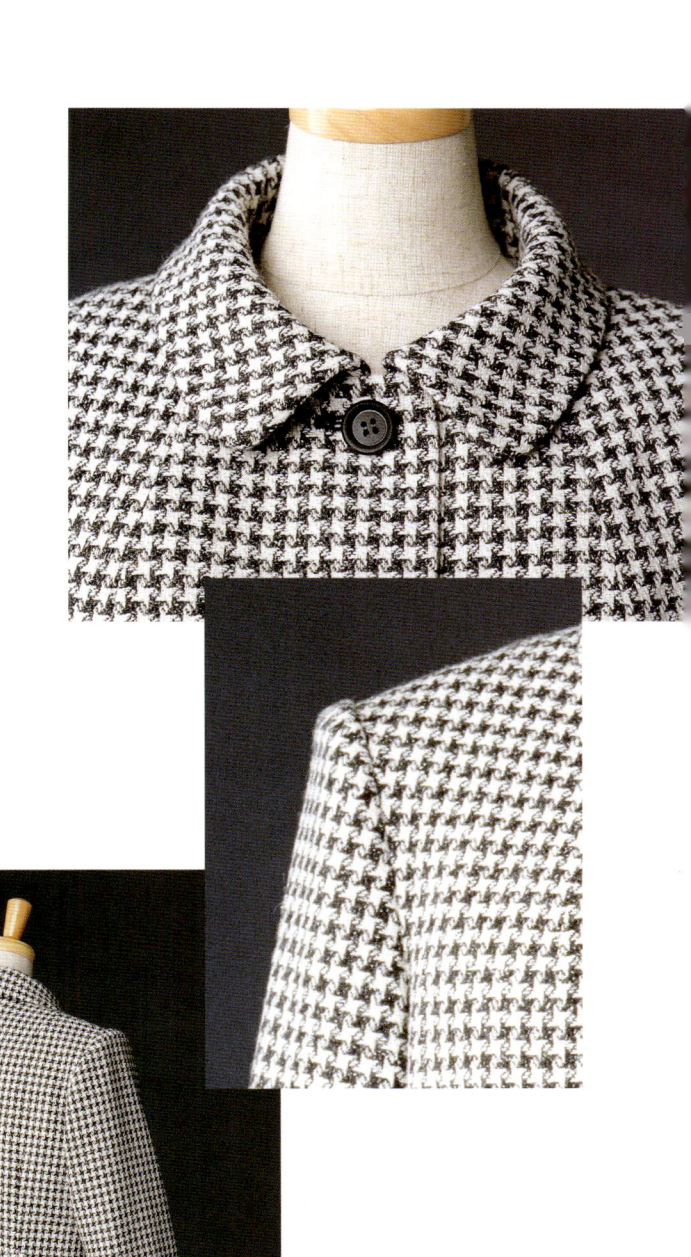

気軽にはおれるショートコート

Pattern b 応用 2
カジュアルな 7 分丈のコート

コート丈を 7 分丈にしてパネルラインを入れ、前ボタンをつけるだけで、とてもカジュアルになりました。基本のスタイルは変わらないので、あくまでもクラシックです。ポケットは切替え線の縫い目を利用して、使いやすい位置に移動しています。

- 使用パターン…b
- 修正パターン…p.66
- 作り方…p.26、42

縫い方順序

1. 接着芯と接着テープをはる→page26
2. ポケットを作りながら前身頃の切替え線を縫う→page42
3. 脇を縫う→page29
4. 衿を作る→page30
5. 肩を縫って、衿をつける→page31
6. 裏身頃を作る→page32
7. 袖を作る→page32
8. 袖、山布、肩パッドをつける→page35
9. マーティンゲールをつける→page35
10. 表身頃に裏身頃をつける→page36
11. 裾を始末して、ボタンをつける→page37

縫い目利用のポケット

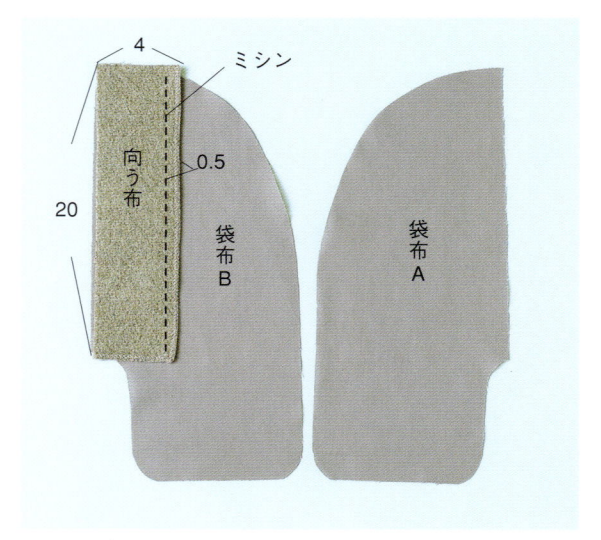

1 袋布Aと向う布をつけた袋布Bを用意します。

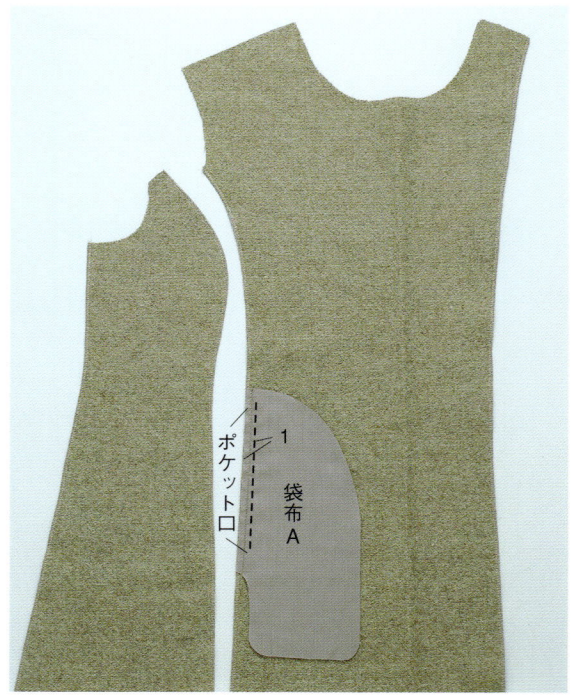

2 袋布Aを前の端にそろえ、端から1cmのポケット口にミシンをかけます。

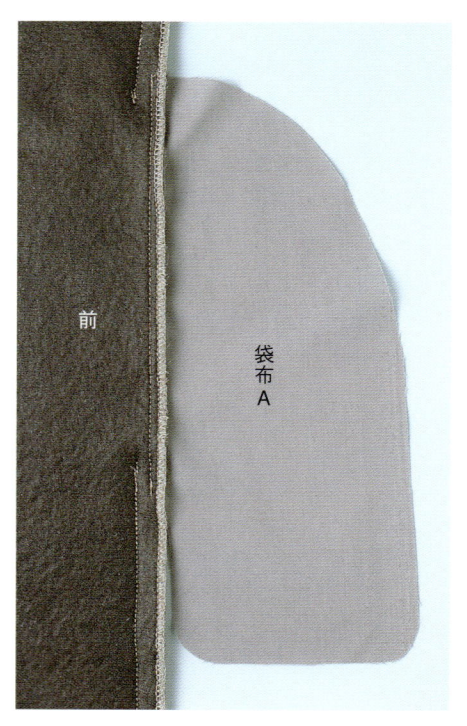

3 前と脇布を中表に合わせ、ポケット口を残して縫い合わせます。

4 縫い代を割り、ポケット口にステッチをかけ、口が開かないように千鳥がけで止めておきます。

42 JACKET & COAT

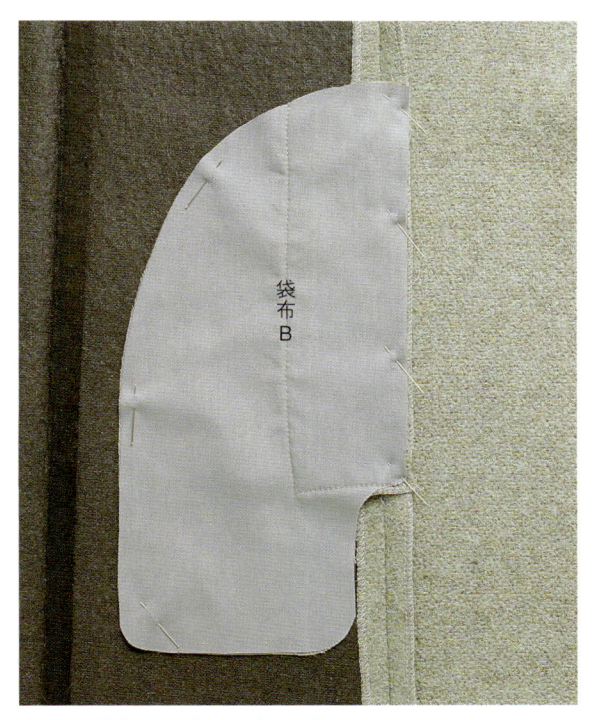

5 袋布Bを重ね、ピンで止めます。

6 袋布Bを脇縫い代にしつけで止め、出来上りの折り目線のポケット口にミシンをかけて止めます。

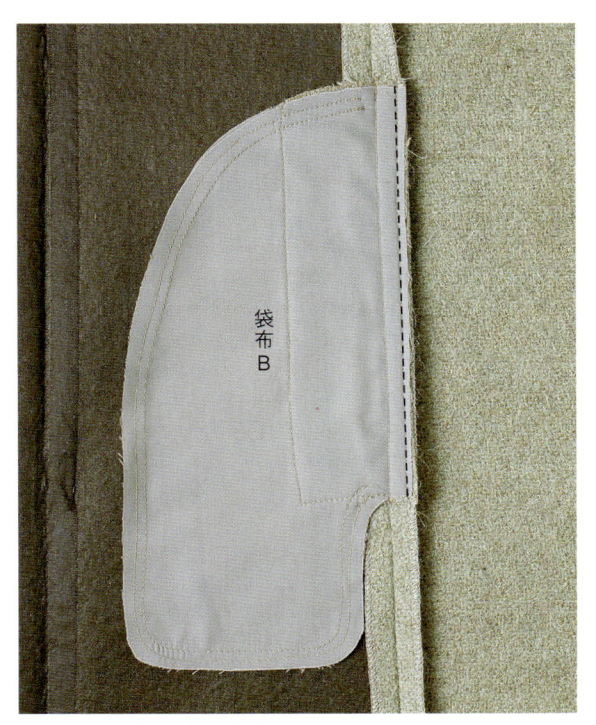

ポケット口にミシン

7 縫い代の端と、袋布の回りにミシンをかけます。

8 ポケット口のステッチに続けて、上と下の切替え線にステッチをかけます。

カジュアルな7分丈のコート　43

Pattern b 応用3
マニッシュなテーラードコート

テーラードカラーの薄手ウールのコートです。クラシックなこのコートはもともと男性用のデザイン。それをソフトに仕立てた女性用コートとしても、このデザインは永遠です。ポイントが上にくるように考えられた小さめの衿が、女性らしく優しげです。

- 使用パターン…b
- 修正パターン…p.67
- 作り方…p.26、46

縫い方順序

1 接着芯と接着テープをはる→page26
2 前と後ろを縫う→page27
3 フラップポケットを作る→page46
4 脇を縫う→page29
5 衿を作る→page30
6 肩を縫って、衿をつける→page48
7 裏身頃を作る→page32
8 袖を作る→page32
9 袖、山布、肩パッドをつける→page35
10 マーティンゲールをつける→page35
11 表身頃に裏身頃をつける→page36
12 裾を始末して、ボタンをつける→page37

マニッシュなテーラードコート 45

フラップポケットの作り方

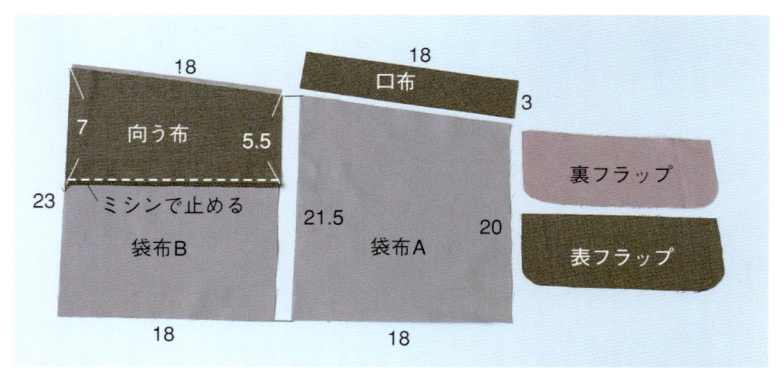

1 袋布Bに向う布をのせてミシンで止めます。口布には接着芯をはり、写真で示したサイズの袋布を用意します。

2 フラップの裏布と表布を中表にして、裁ち端をそろえてミシン。丸みの縫い代にはぐし縫いをしておきます。

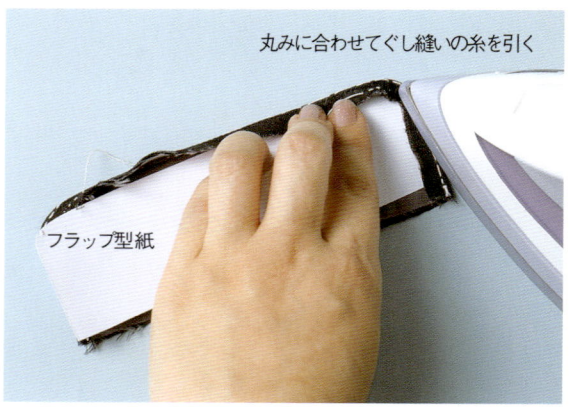

3 はがきくらいの厚紙でフラップの型紙を作り、型紙を当てて縫い代をアイロンで折ります。表に返して、形を整えます。

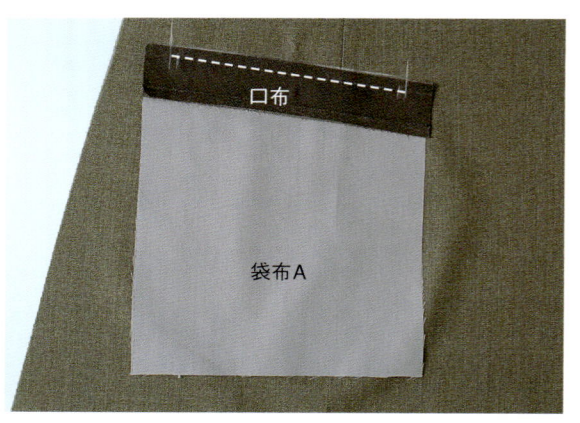

4 袋布Aと口布をミシンで縫い、口布をポケット口に合わせて、0.7cmの縫い代でミシンをかけます。

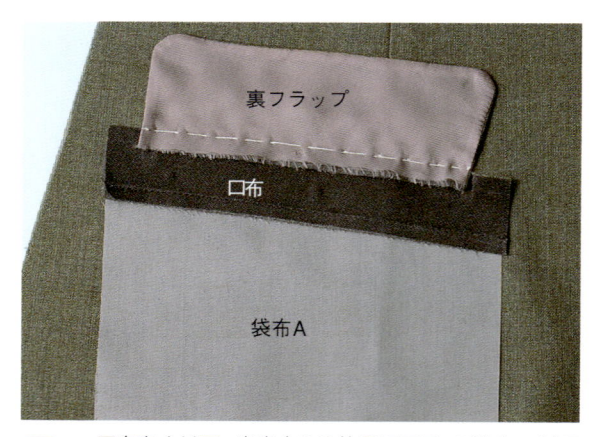

5 口布をよけて、出来上りの位置にフラップをしつけで止めます。

6 フラップの端から端までミシンをかけます。

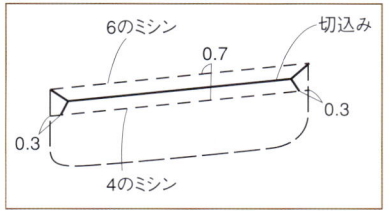

7 ポケット位置に切込みを入れます。

- 6のミシン
- 切込み
- 0.7
- 0.3
- 0.3
- 4のミシン

8 袋布を裏面に出し、縫い代をアイロンでしっかりと割ります。

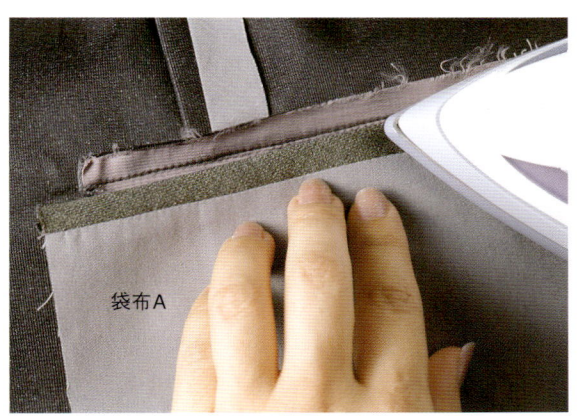

袋布A

9 口布で縫い代をくるむように折り、ポケット口に片玉縁を作ります。

袋布A

10 縫い目に表から落しじつけをして、口布を止めます。

落しじつけ

11 落しじつけで止めた口布を、身頃の縫い代側から、縫い目のきわにミシンをかけて止めます。

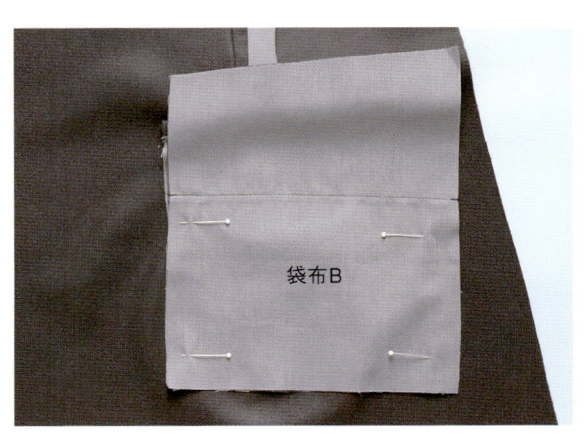

袋布A
ミシン

12 袋布Aに袋布Bを重ねてピンで止めておきます。

袋布B

マニッシュなテーラードコート

13 フラップの縫い目に、袋布Aまで通して落しじつけをします。

14 フラップの縫い代側から、前をよけてミシン目のきわにミシンをかけます。

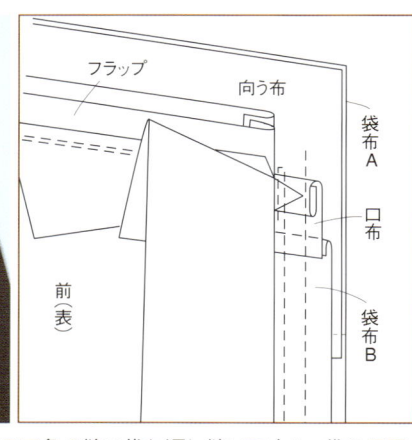

15 14から続いてポケット口の両端の三角の縫い代も返し縫いで止め、袋の周囲にミシンを2本かけます。

衿のつけ方

1 衿の縫い方はp.30をご覧ください。違うところは、3の前に、裏衿の衿つけ線を出来上りに折り、端ミシンをかけておきます。
衿の回りをしつけで押さえ、衿腰を出来上りに折り、巻きじつけをして、表衿のゆとり分を止めておきます。

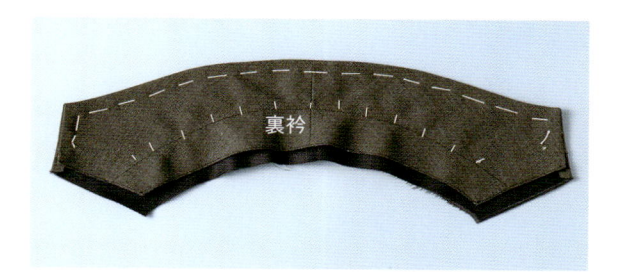

2 裏衿側から見たところです。すでに、平らにはなりません。

3 表衿の返り分を逃がさないように、裏衿をしつけで表衿に止め、表衿の縫い代を1cmに切りそろえます。

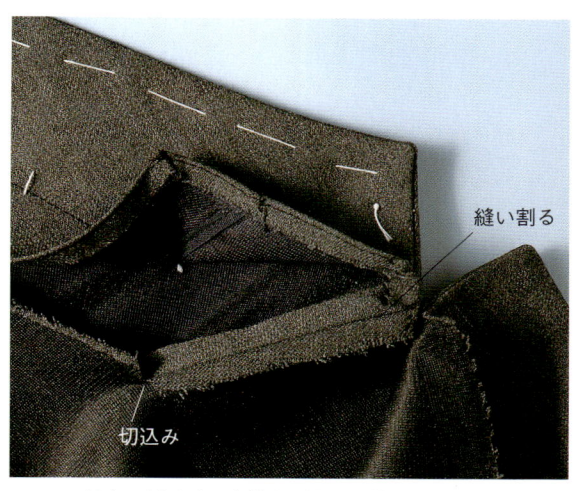

4 衿をつけます。表衿と見返しの衿つけを、まず衿つけ止りからダーツまでのまっすぐを縫い、見返しの縫い代に切込みを入れてアイロンで割ります。左も同様にします。

縫い割る
切込み

5 表布と裏布の身頃を整え、2枚一緒に残りの衿つけ線を縫います。縫い代は衿側に倒し、**4**で縫った部分を平らに置き、縫い代を写真のように止めておきます。

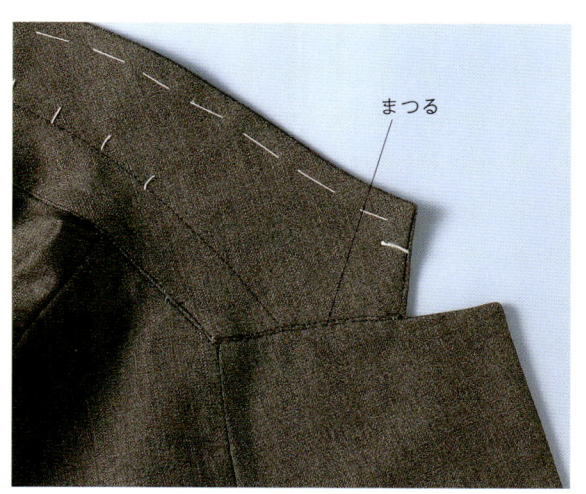

6 裏衿を衿つけミシンを隠すように、細かくたてまつりでまつります。

まつる

マニッシュなテーラードコート

Pattern C
一重仕立てのハーフコート

裏布は防寒とシルエットを出す役目のほかにすべりをよくするという目的もありますが、ゆったりとしたハーフコートは軽いほうが着心地がいいので、これは裏をつけない一重仕立てです。袖つけ線を落としたシャツタイプの袖、身頃も袖もゆったりとさせ、気軽にはおれるコートです。実用兼アクセントにもなる大きなパッチポケットをつけました。

- 使用パターン…c
- 製図…p.71
- 作り方…p.52

縫い方順序

1 接着芯と接着テープをはる→page54
2 後ろ中心を縫い、ベンツを作る→page55
3 パッチポケットをつける→page56
4 衿を作る→page57
5 肩を縫う→page57
6 衿を身頃と見返しではさんで縫う→page58
7 袖をつけてから脇と袖下を続けて縫う→page59

■実物大パターンについて

●パターンのサイズ表

この表の各寸法はヌード寸法で、出来上りの寸法は（ ）の中に表示しています。単位＝cm

	S	M／ML	L
バスト	80（114）	85（119）	89（126）
ヒップ	89（122）	93（127）	97（134）
背肩幅	（55）	（55.5）	（56.5）
袖丈	49.5（48.5）	53（49）	55（50）
着丈	（81）	（81.5）	（82.5）

パターンのサイズは、S、M／ML（MとML共通）、Lの3種類です。バストは34〜37cm、ヒップは33〜37cmのゆとりが入っていますから、バスト寸法を基準にして選びます（サイズ表参照）。コートのデザインはゆったりしたAラインのシルエットで、袖は身頃の肩先を落としたドロップトショルダースリーブですから、ウエスト位置や背肩幅、袖丈が多少違っていても、体型をカバーするそのままのシルエットで着てください。パターンの着丈は、身長158cmぐらいが目安です。

■パターンの準備

実物大パターンCを写して裁断用のパターンを作ります。縫い代つきのパターンを作る場合は、裁合せ図にある縫い代をつけて右図のように作りますが、脇、肩の縫い代の角、特に袖口、ポケット口は出来上りに折った状態で折り代をつけて、折り代、縫い代が不足しないように気をつけてください。これは出来上りパターンで裁断するときの縫い代も同様です。ポケット口や袖口のパターンには布目線、前中心線、合い印、縫止りもかき込んでおきます。

●準備するパターン

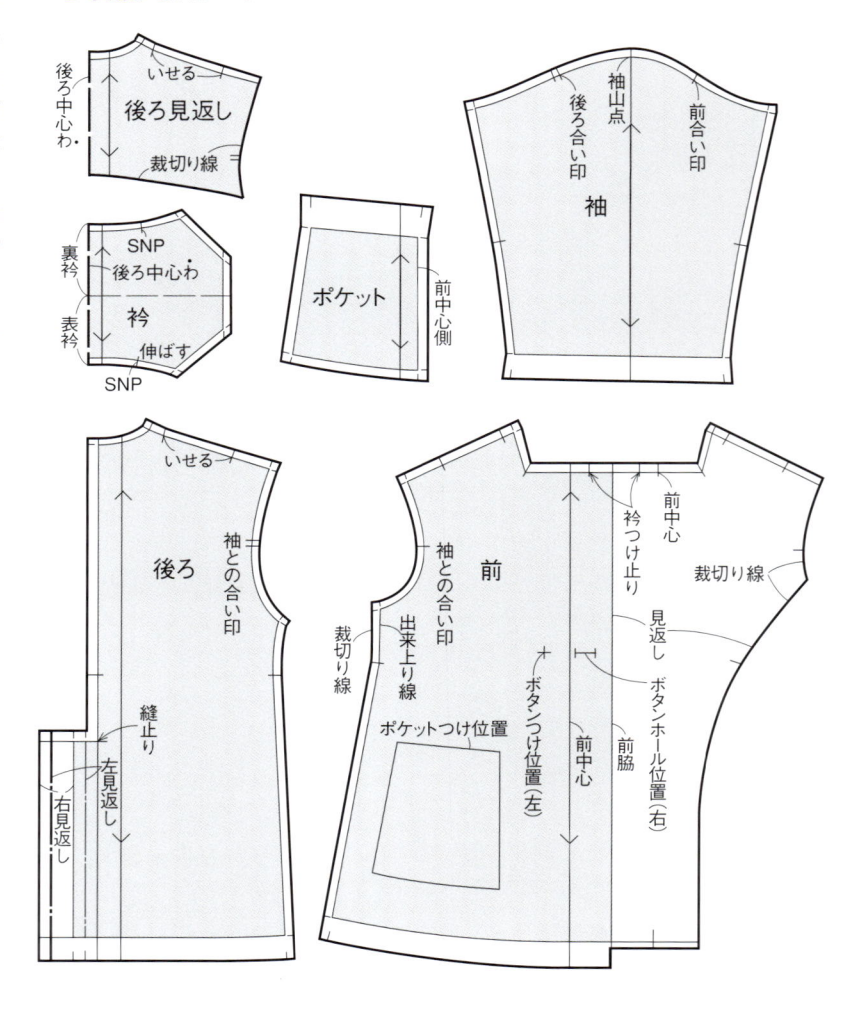

●着丈、袖丈、ポケット位置などのパターンの確認と補正

着丈は身長や好みによって短くしたり長くしたりすることができます。裁断の前にパターンを体に当てて、着丈のバランス、ポケットは手が入れやすい位置かどうか、袖丈などを簡単にチェックしてみましょう。着丈や袖丈をのばすと使用量も変わってきますから、丈の変更は気をつけてください。

パターンの補正で着丈を変えたいときは、ウエストの合い印の位置をたたむか、切り開いて別紙を当て、着丈を加減してから脇線をきれいな線にかき直します。袖丈も同様に合い印の位置でたたむか、切り開いて調節して補正します。

●着丈を短くする方法

■縫い代を正しくつけて裁断する

ウール地は水分や熱で縮むことがあるので、裁断前にスチームアイロンで布目を整え、縮絨しておくと安心です。実物大パターンに、裁合せ図にある縫い代をつけて縫い代つきのパターンを作り、パターン線にそって表布を裁ちます。出来上り線の印はつけないで、合い印の位置などにはノッチ(切込みの印)を入れます。写真のコートは布がざっくりしているので、ノッチの代りに切りじつけで印をしておくと間違いがありません。後ろのベンツの裁断は左右で形が違うので、1枚ずつ裁つか、右後ろに合わせて図のように2枚裁断し、左は印をつけてから裁ち直してもいいでしょう。

●表布の裁合せ図(M／MLサイズ)

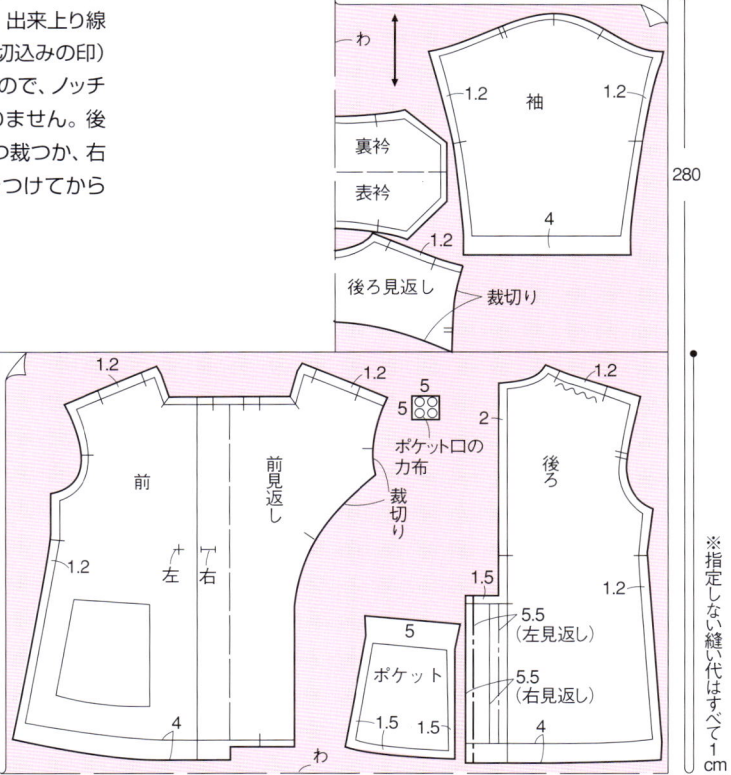

●使用量と材料

表布＝147cm幅2m80cm
接着芯＝少々(力布分)
接着テープ(アピコAM101)＝1.5cm幅
接着テープ(SSGテープ)＝5cm幅
両面接着テープ＝少々
ボタン＝直径3cm1個
力ボタン＝1個

一重仕立てのハーフコート

1 接着芯と接着テープをはる

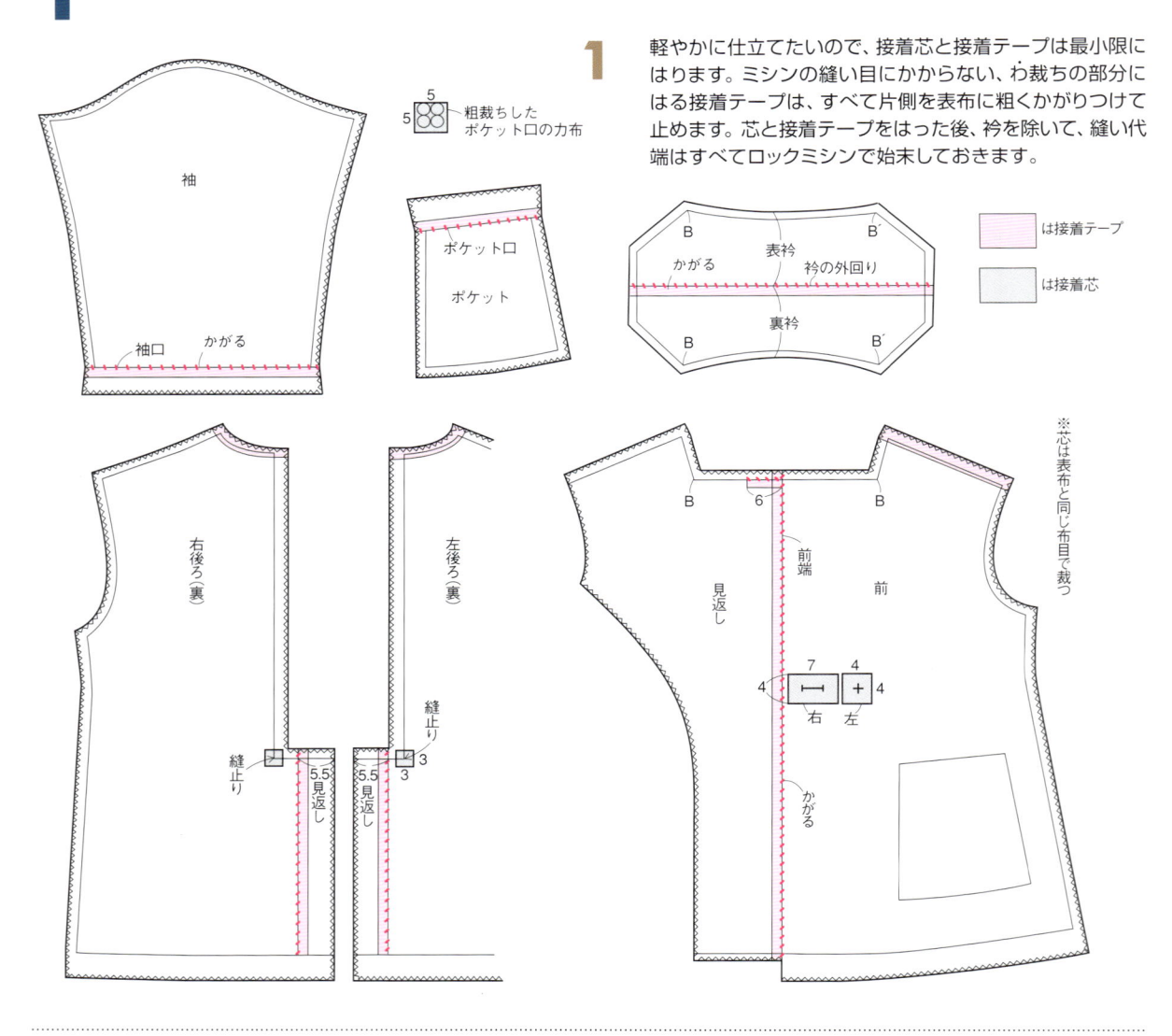

軽やかに仕立てたいので、接着芯と接着テープは最小限にはります。ミシンの縫い目にかからない、わ裁ちの部分にはる接着テープは、すべて片側を表布に粗くかがりつけて止めます。芯と接着テープをはった後、衿を除いて、縫い代端はすべてロックミシンで始末しておきます。

- は接着テープ
- は接着芯

※芯は表布と同じ布目で裁つ

2 裏衿の外回りに接着テープをはります。衿をパターンどおりに置き、外回り線に定規を当て、一直線になるように、布目の乱れを指先でなぞって整えます。

3 この状態のまま、外回りに接着テープを平らにはり、外回り線を表布に粗くかがります。

2 後ろ中心を縫い、ベンツを作る

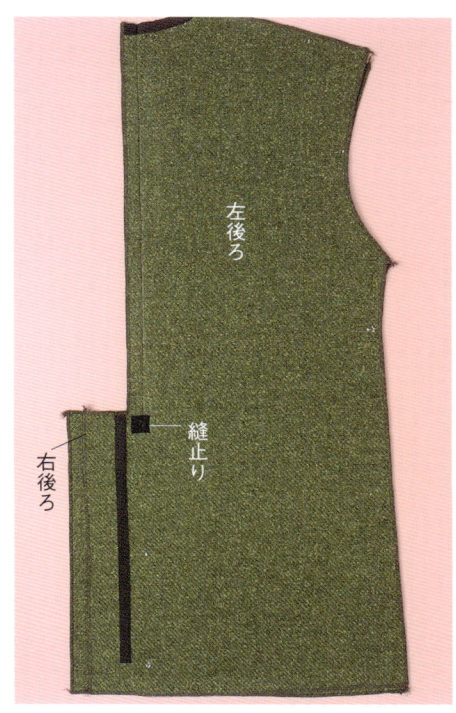

1 後ろ中心を縫止りまで縫い、右後ろが上側になるフックベンツ（かぎ形のベンツ）を作ります。

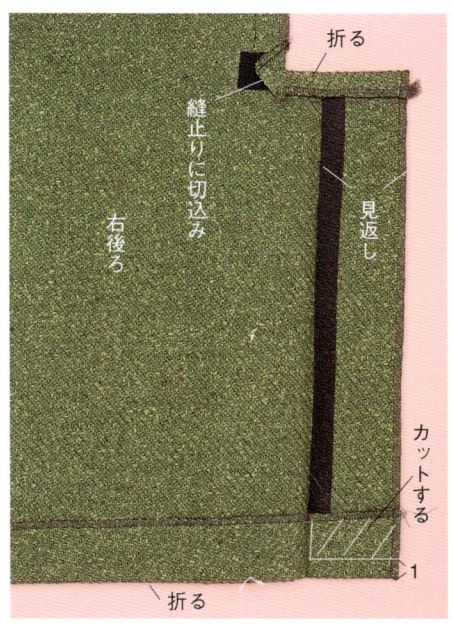

2 右後ろのベンツは、内角の位置に縫止りまで切込みを入れ、アイロンで上側を出来上りに折ります。同時に、後ろの裾も出来上りに折り上げ、余分な縫い代をカットしておきます。

3 ベンツを出来上りの状態にアイロンで折り、見返しの裾は0.1～0.2cm控えて整えます。

4 後ろ中心の縫い代を右側に片返しにし、縫い目のきわにステッチをかけ、ベンツの上側の折り山の奥を止めつけます。

一重仕立てのハーフコート 55

3 パッチポケットをつける

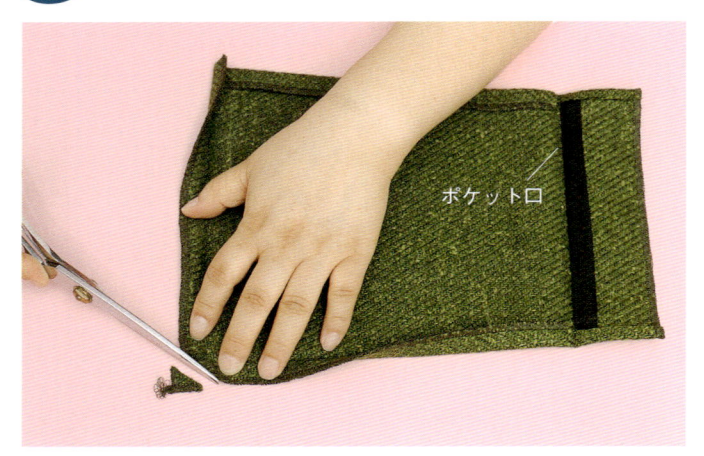

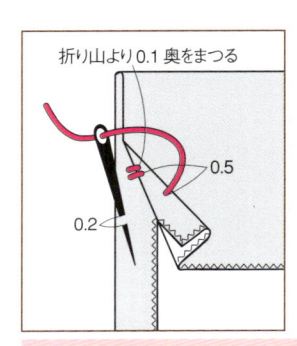

1 ポケット布の回りをアイロンで出来上りに折り、縫い代を広げて角を斜めにカットして縫い代が厚くならないようにします。

折り山より0.1奥をまつる
0.5
0.2

2 ポケット口の両端をわずかに控えて折り、両端の折り代をまつります。ポケット口の折り代端をゆるめにまつり、裾側の角をかがって形を整えます。

控えて折る
ゆるめにまつる
かがる
かがる

3 前のつけ位置にポケットを置き、ポケット口を少し浮かしぎみにしてステッチで止めます。そのとき、押え金に押されて縫いずれが起きないように、ステッチの両側に2重にしつけをかけておきます。

4 ポケット口の裏側に力布を当てます。力布は表布に芯をはってから丸くカットし、両面接着テープで仮止めしてから、ポケットの回りを縫います。縫始め、縫終りは返し縫いをします。

力布をはる
接着テープ
力布

56 JACKET & COAT

4 衿を作る

1 外回りのテープの位置で中表に折り、裁ち端をそろえて両端を縫います。衿先はかたくならないように返し縫いはしないで、糸端を針に通して玉止めをします。

2 衿先を表に返し、衿先の0.4cmぐらい手前から目打ちを刺し、押し出すようにして整えます。

3 裏衿を控えてアイロンで整えます。表衿の衿つけ線を伸ばしぎみにし、裏衿の合い印と布端をそろえてしつけで止めます。表衿のつけ線は、裏衿より0.4cm短くなっています。

5 肩を縫う

前と後ろを中表に合わせ、肩を縫い割ります。そのとき、肩のサイドネックポイント(SNP)の位置は出来上りより1針多く縫っておくと、衿つけミシンがかけやすくなります。同様に、見返しの肩も縫い割ります。

一重仕立てのハーフコート 57

6 衿を身頃と見返しではさんで縫う

1

衿は身頃と見返しではさんで縫う簡単な方法でつけます。見返しを前端の位置で中表の状態に折ります。後ろ衿ぐりの肩と中心の縫い代は、斜めにカットしておくと厚みが抑えられて衿つけがすっきりします。

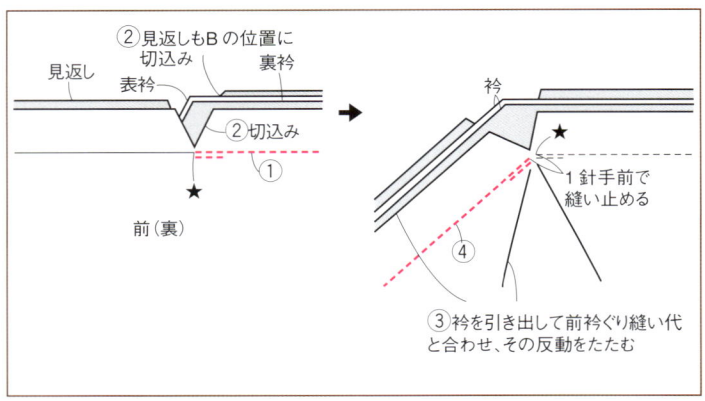

2

前衿つけ線が角になっているので、衿つけミシンは3度に分けてかけます。身頃の表面と裏衿を合わせてから見返しを重ねて衿をはさみ、まず右前の衿ぐりの角から後ろ衿ぐり、左前の衿ぐりの角、★から★まで衿つけ線を縫います（①）。次に身頃、見返しとも衿つけ線の角（★）に、出来上りより0.1～0.2cm手前まで切込みを入れます（②）。

角（★）の切込みを開いて衿を引き出し、衿、身頃、見返し、3枚の布端をそろえて残りの前衿ぐり線を縫います（③）。このとき、衿ぐりの角（★）は、1針手前で返し縫いをして止めます。

3

衿つけ縫い代を身頃側に片返しします。縫い代がすっきり仕上がるように、まず衿つけ線の形に合わせて仕上げうまにのせ、その反動は衿側に出し、衿つけ縫い目にアイロンをかけて、縫い代を落ち着かせます。

7 袖をつけてから脇と袖下を続けて縫う

1 袖と身頃を中表に合わせて袖つけミシンをかけますが、袖ぐり下がつれないように、袖つけミシンは出来上り位置より1針多く縫って返し縫いします。縫い代は身頃側に片返しにします。

2 このときのアイロンは、衿つけ縫い代と同様に、袖ぐり線の形に合わせて仕上げうまにのせ、その反動を袖側に浮かして、袖つけ縫い目にかかるようにかけます（①）。袖下から脇まで続けて縫い、縫い代は割ります（②）。

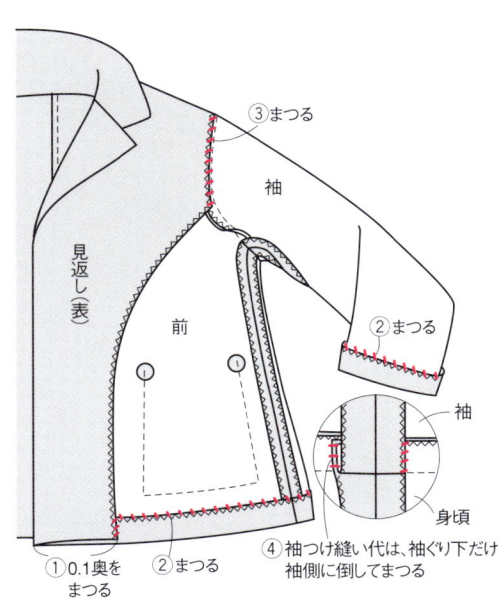

3 見返しの裾が控えられるように裾を折り上げてまつります（①）。身頃の裾、ベンツの見返し奥、袖口を始末し、身頃と見返しをなじませてから、見返しの袖ぐり側をミシン目のきわにまつります（②③）。

4 後ろ見返しの裾と後ろ中心の縫い代を糸ループで止めます。身頃の右前端にボタンホールをかがり、左前にボタンと力ボタンをつけます。

Pattern C 応用
デニムでハーフコート

布をデニムに替えて、季節の合間に、カジュアルに着るコートです。袖も一折りした7分丈だから、ほとんどフリーサイズです。少し大きめくらいで着てください。布地はできればあまり張りのあるものより、着ているうちに布のほうが体になじむような布がお勧めです。

- 使用パターン…c
- 修正パターン…p.64
- 作り方…p.52、62

縫い方順序

1. 接着芯と接着テープをはる→page54
2. 後ろ中心を縫い、ベンツを作る→page55
3. 箱ポケットを作る→page62
4. 衿を作る→page57
5. 肩を縫う→page57
6. 衿を身頃と見返しではさんで縫う→page58
7. 袖をつけてから脇と袖下を続けて縫う→page59
8. ボタンホールを作り、ボタンをつける

デニムでハーフコート

箱ポケットの作り方

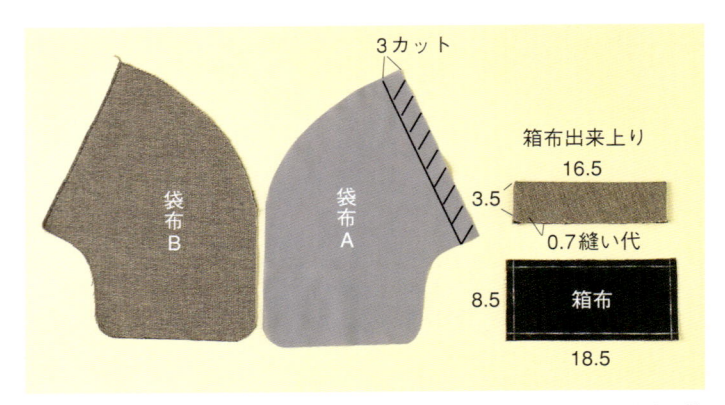

1 袋布AとBを裁ち、袋布Aの口側を3cmカットしておきます。箱布は裏面に接着芯をはり、中表に合わせて両端の出来上りにミシンをかけて表に返します。

2 前の表面に箱布のつく位置を軽くチョークでかき、裏面には箱布の大きさより、回りが1cm大きい接着芯をはって力布にします。前端側のポケット出来上り線に箱布をしつけで止め、袋布Aをその上にそろえてのせます。

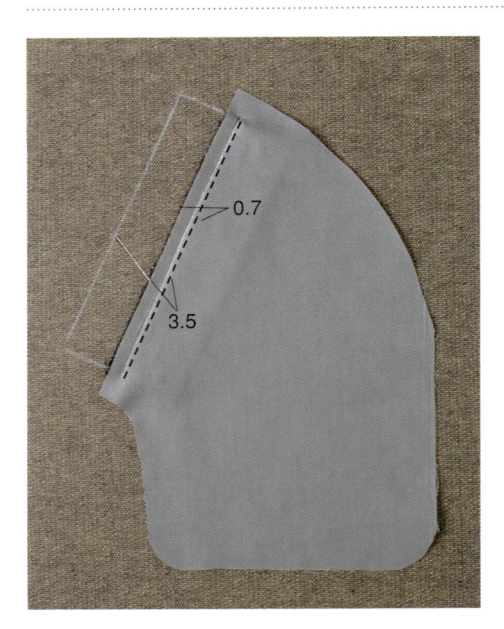

3 0.7cmの縫い代で、出来上りにミシンをかけます。

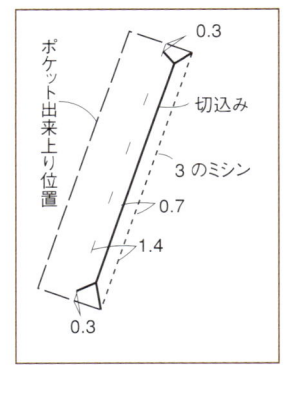

4 ポケット口に切込みを入れます。図のように切込みの線をチョークでかき、ポケット口を写真のように折り、まず、切り口を小さく切ります。

4 切り口にはさみを入れてチョークの線上を切ります。角は切りすぎないように注意してください。

5 切込みを入れ、袋布を裏側に出したところです。布の織り糸がほつれないように、気をつけてください。

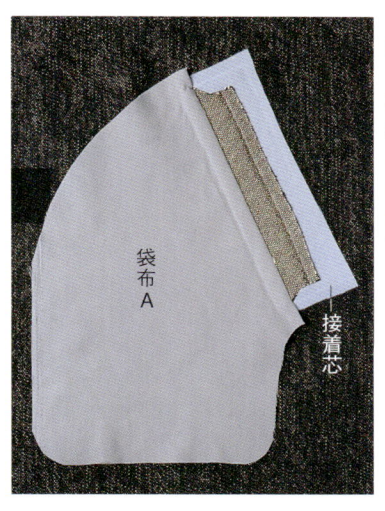

6 裏面の状態です。出来上りの状態に折り、アイロンでしっかり形を整えます。この後、袋布Bを袋布Aに重ねます。

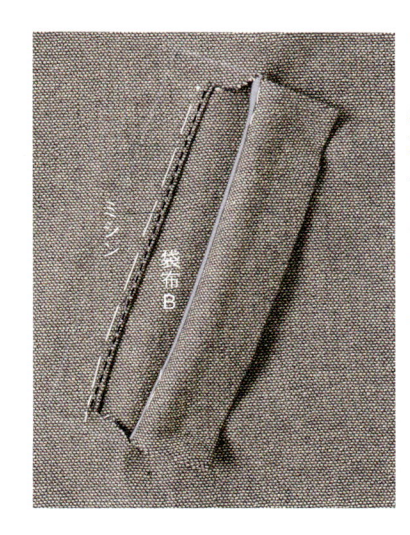

7 袋布Aに袋布Bを重ね、回りをピンで止めてから、表面から切込みの折り代分0.7cmを折ってしつけで止め、折り端を袋布Bまで通してミシンで止めます。

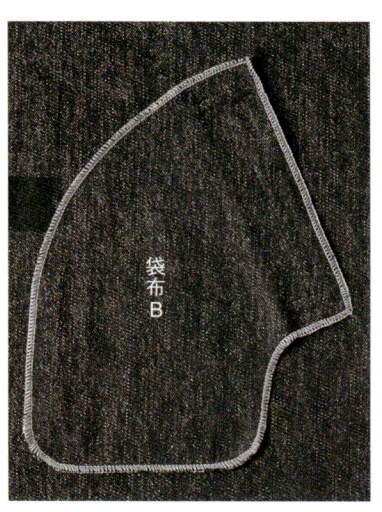

8 袋布の周囲にミシンを2本かけ、袋布の裁ち端にロックミシンをかけます。

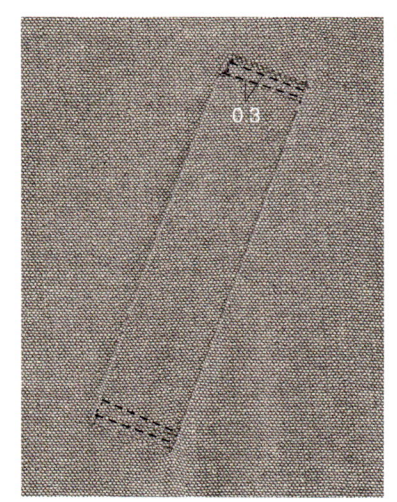

9 箱布の両端に、縫始め、縫終りを返し縫いにして止めミシンを2本かけます。

デニムでハーフコート 63

応用デザインのパターンの作り方

応用デザインのパターンはa、b、cのいずれかの必要なパターンを用紙に写し、その上に訂正の線をかき込んでください。縫い代つきのパターンを作る場合は、基本の作り方の裁合せ図に示してある縫い代をつけて作ります。裏袖のパターンの作り方は、基本の裏袖と同じです。

Pattern a の応用（写真p.18）

衿なしにしただけで雰囲気はかなり違ってきます。着丈は示した数字にこだわらず、ご自身の身長や好みの着丈で決めてください。ただ、ヒップが隠れるくらい長くするとぼってりして、このデザインの場合はお勧めできません。

● 使用量（Mサイズ） 表布＝150cm幅1m50cm
裏布＝90cm幅1m30cm 接着芯＝90cm幅60cm

●準備するパターン

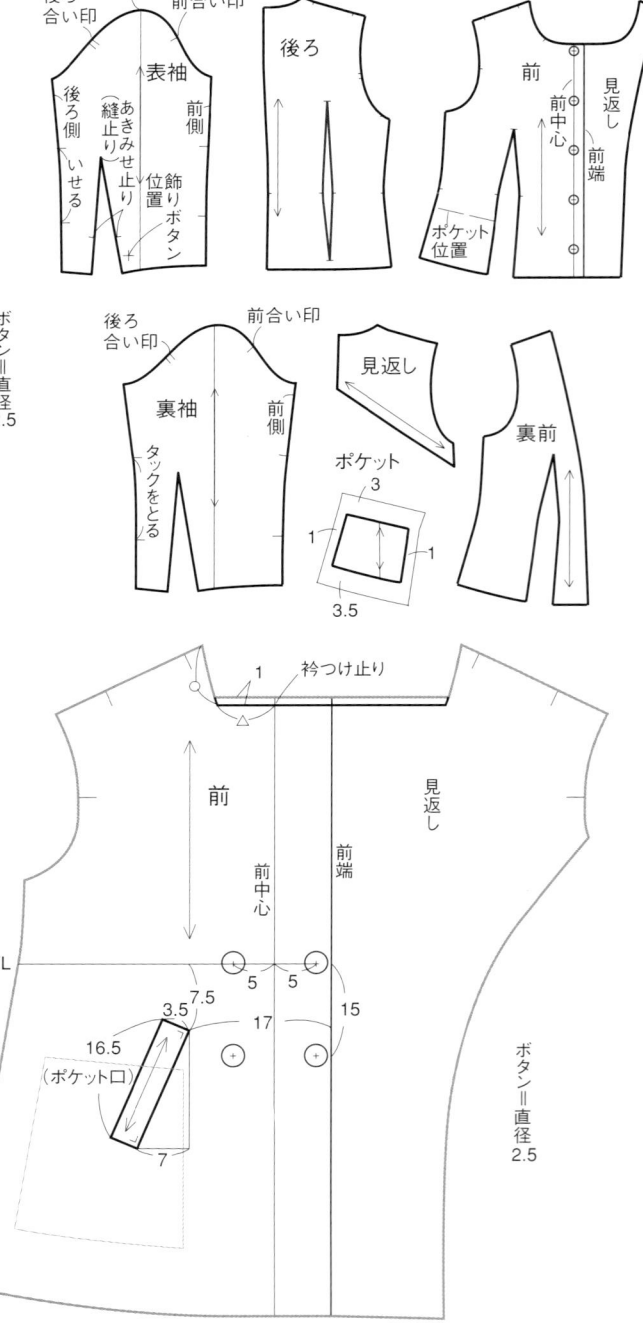

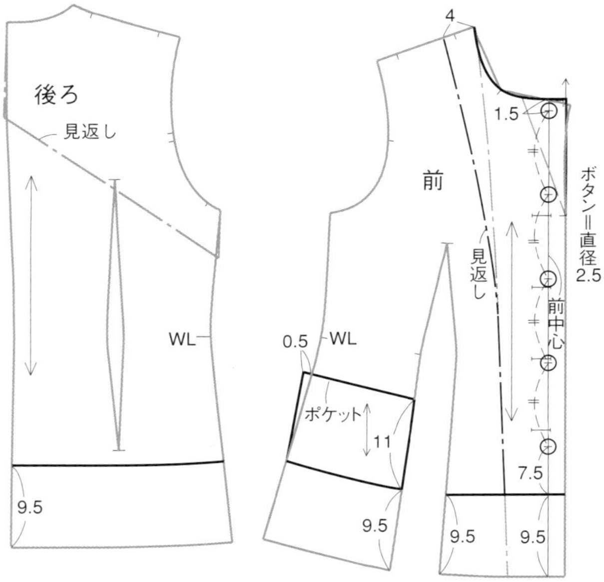

Pattern c の応用（写真p.60）

前がアシメトリーのデザインをボタンでシンメトリーにし、ボタン位置を少し上げるとVゾーンが高くなります。袖口はカフスのように折り返した7分丈。ふだん気軽に着用してほしいコートです。

● 使用量(M／MLサイズ)
表布＝147cm幅2m80cm
接着芯＝少々(箱布分)

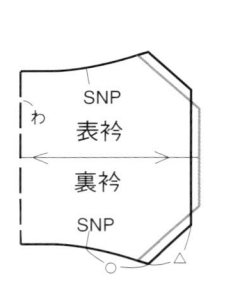

●準備するパターン

Pattern b の応用1（写真p.38）

着丈を短くしただけですが、カジュアルになり、パンツともよく合います。素材をコットンにするともっとカジュアルに。
● 使用量（Mサイズ）　表布＝150cm幅1m80cm
　裏布＝90cm幅2m30cm　　接着芯＝90cm幅2m

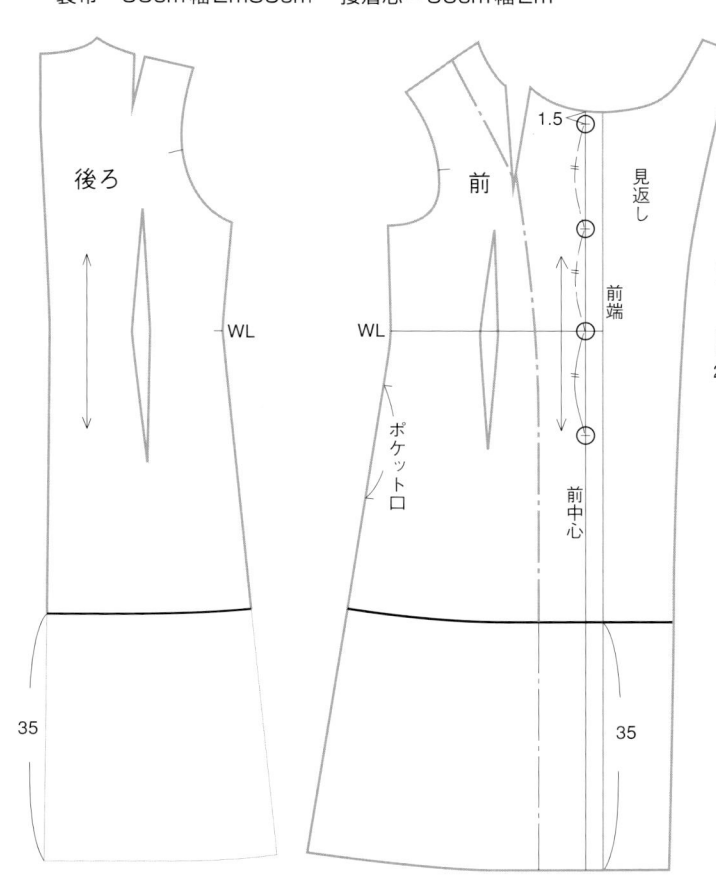

●準備するパターン

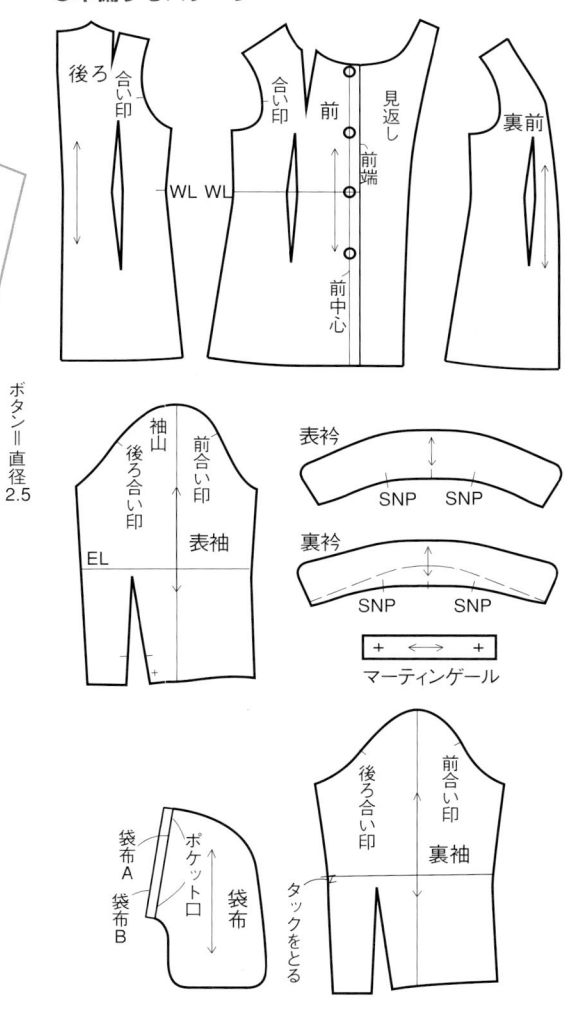

応用デザインのパターンの作り方

Pattern b の応用2（写真p.40）

衿ぐりのダーツを袖ぐりに移動して、パネルラインで切り替えたもの。胸のあたりは脇布を伸ばしぎみにし、前をいせて縫い合わせるのがポイント。胸のラインがきれいに出ます。

●使用量（Mサイズ）
表布＝150cm 2m20cm
裏布＝90cm幅 2m70cm
接着芯＝90cm幅 2m60cm

●準備するパターン

Pattern b の応用3（写真p.44）

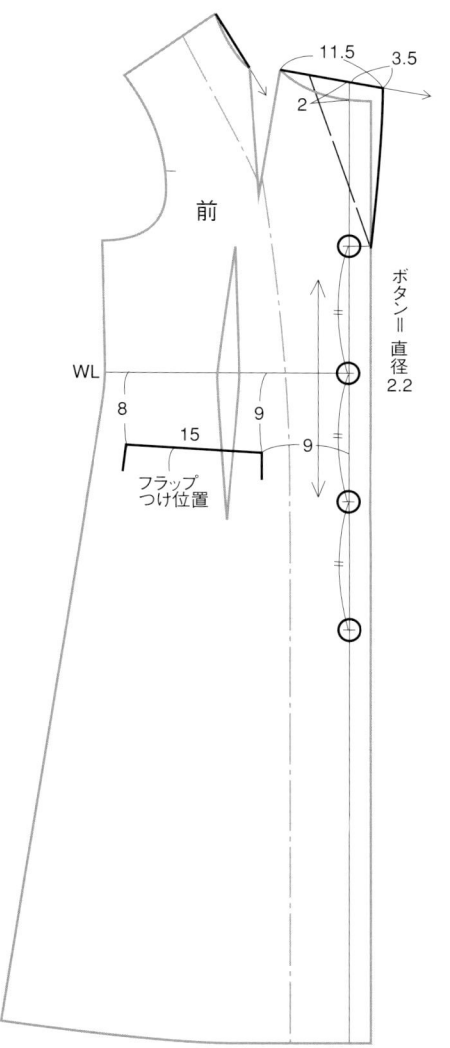

衿をテーラードに変えてみました。難しいと思われがちのテーラードですが、失敗のない工夫した縫い方も紹介しています。上衿は前の衿ぐりからのダーツをたたみ、衿ぐり線を用紙に写して製図をします。ダーツをたたんだ反動でパターンが浮き上がりますが、パターンを動かしながら正確な衿ぐり線を写してください。

- 使用量(Mサイズ)　表布＝150cm2m50cm
- 裏布＝90cm幅3m　接着芯＝90cm幅2m90cm

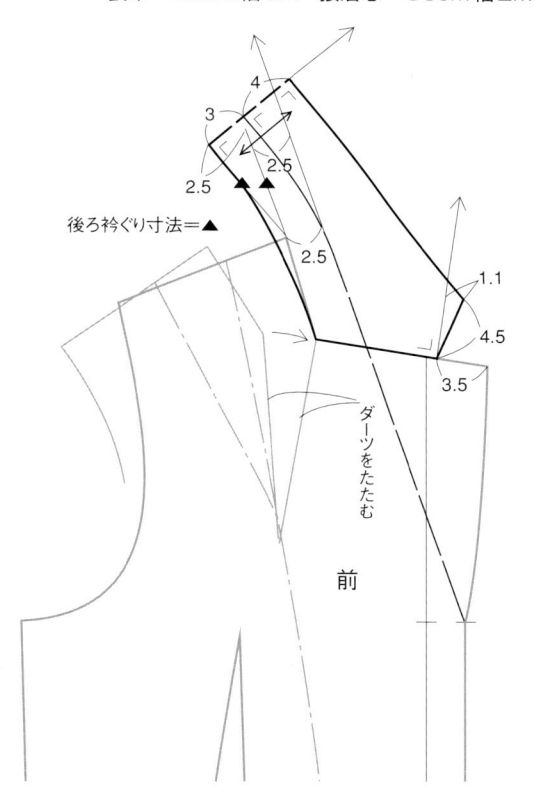

● 準備するパターン

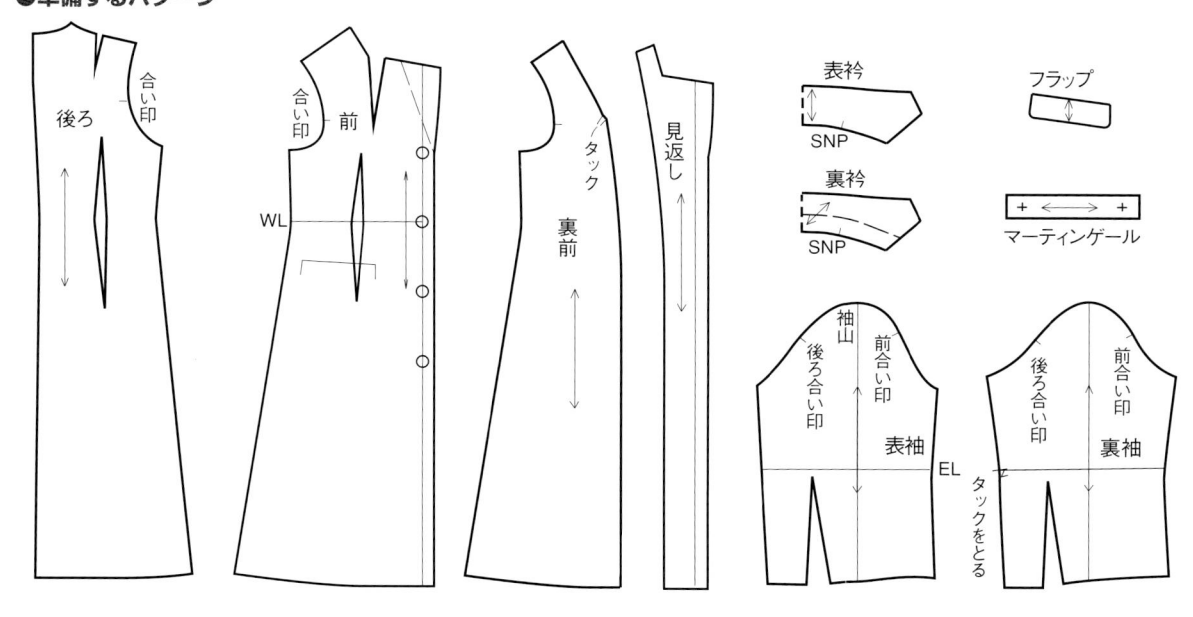

応用デザインのパターンの作り方

基本デザインのパターンの製図

本書には基本デザインのa、b、cをグレーディングした実物大のパターンをつけましたので、その基本パターンをもとに、それぞれの応用デザインのパターンを作ることができます。グレーディングどおりのサイズ展開では心配という方、もっと自分サイズのパターンが欲しいという方のために、原型から製図する方法も載せました。この製図をしていただくためには、まずバストと背丈をはかって、自分の原型を作っていただきます。

■原型の引き方

身頃原型は、背丈とバスト寸法を使って引きます。縦に背丈、横にバストの$\frac{1}{2}$に5cmのゆるみ分を加えた寸法をとって長方形をかき、各部はバスト寸法をもとに割り出した寸法に、定寸法を加減して製図をしていきます。
原型の後ろ肩幅が前肩幅より広くなっていますが、これは背中の丸みや肩胛骨の張りに合わせるためのゆとりで、いせやダーツで処理します。

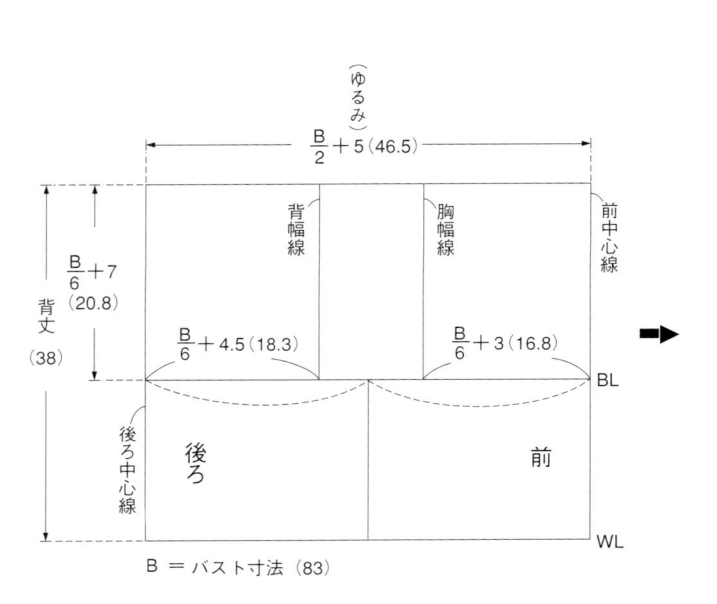

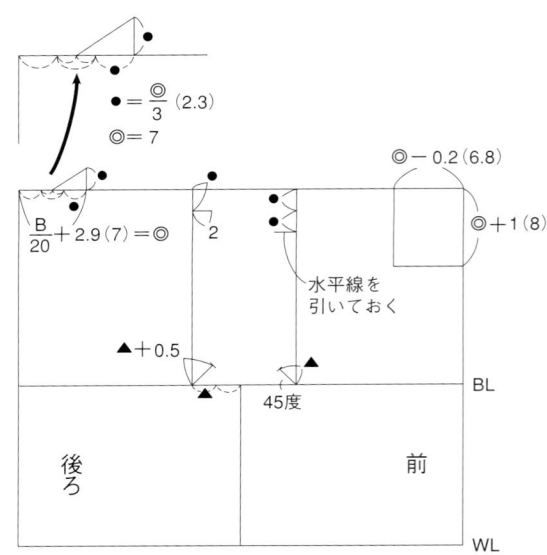

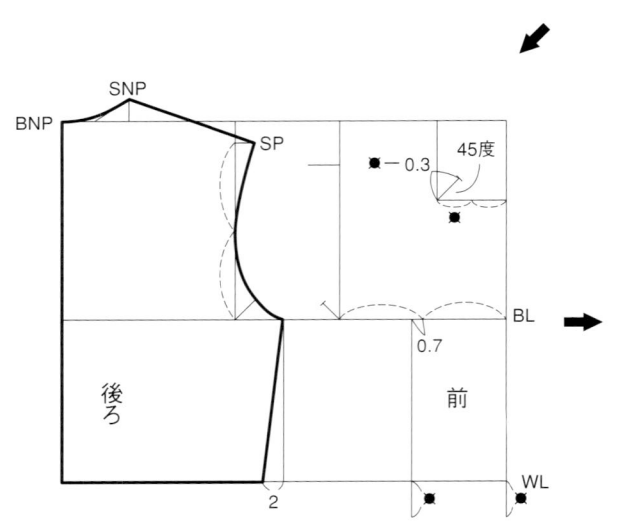

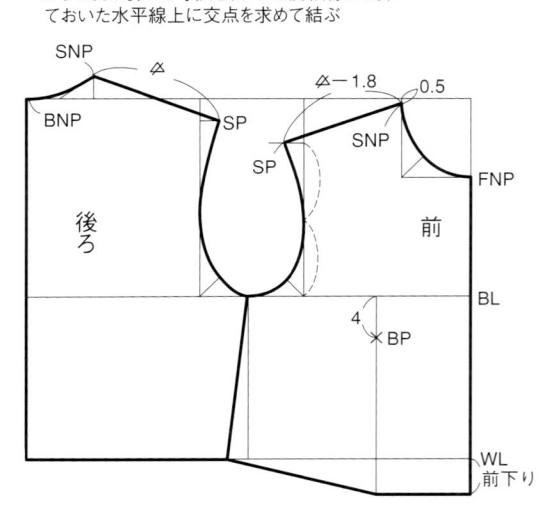

※ 前肩線は、後ろ肩幅の寸法（⊿）をはかり、その寸法から1.8cm引いた寸法を、SNPと胸幅線から引いておいた水平線上に交点を求めて結ぶ

Pattern a の製図 (写真p.4)

● 表衿のパターンの操作

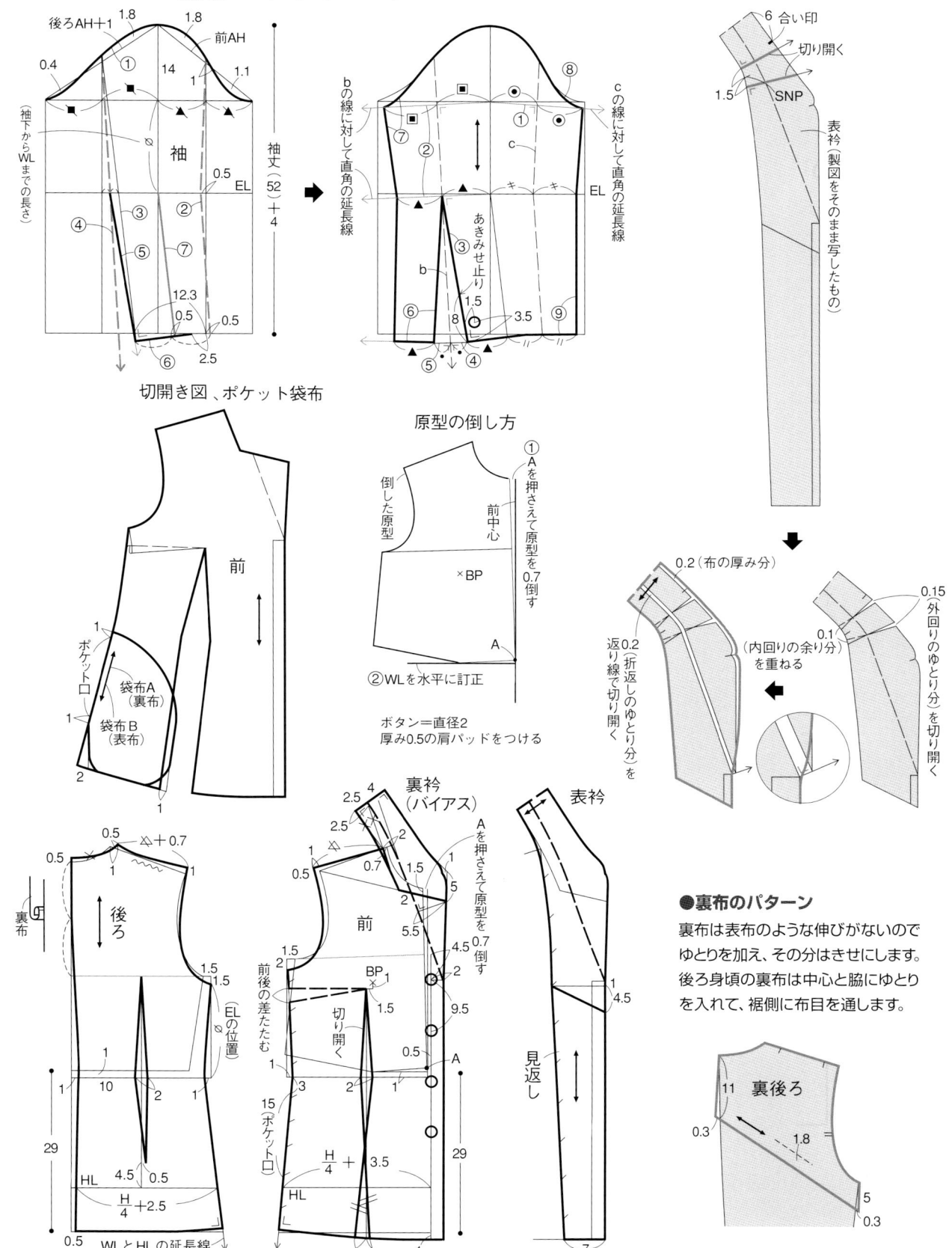

● 裏布のパターン

裏布は表布のような伸びがないのでゆとりを加え、その分はきせにします。後ろ身頃の裏布は中心と脇にゆとりを入れて、裾側に布目を通します。

ボタン＝直径2
厚み0.5の肩パッドをつける

基本デザインのパターンの製図　69

Pattern b の製図（写真p.22）

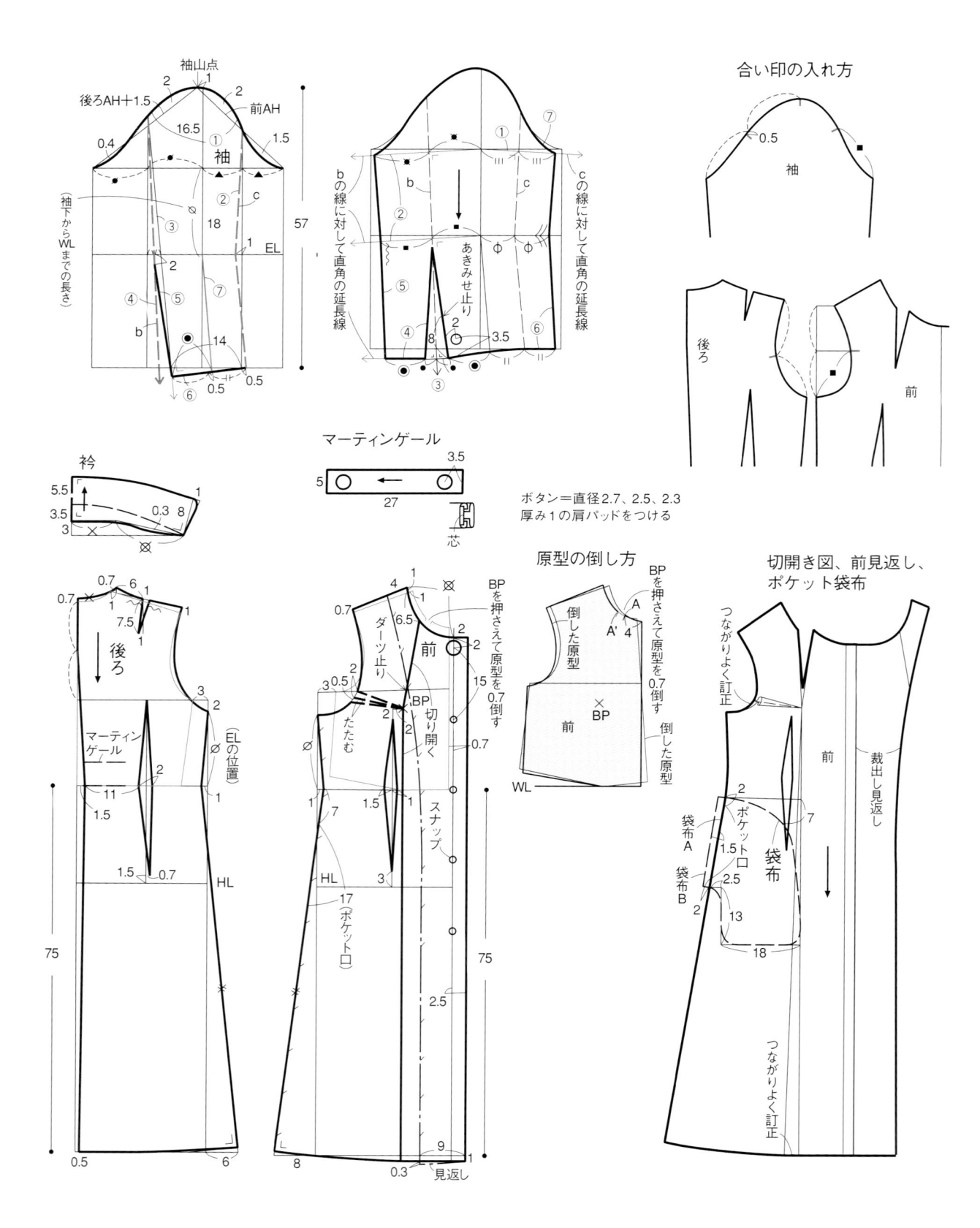

● 衿のパターン操作

ショールカラーの前を留めると下図のように左衿が浮いて、衿が狭く見えます。そのためパターン上で、0.5cm長くしておきます。表衿は衿をつけた状態では、表衿が外回りになるので、裏衿にそのゆとりを加えて表衿のパターンを作ります。

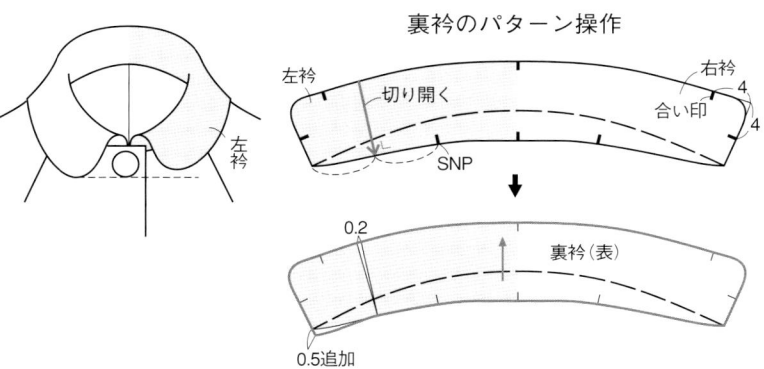

裏衿のパターン操作

表衿のパターン操作
裏衿をもとに操作する

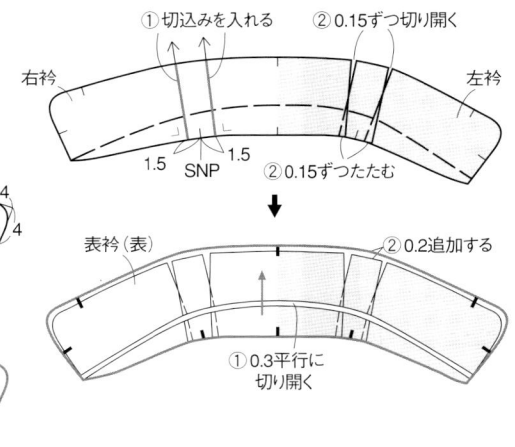

Pattern C の製図（写真p.50）

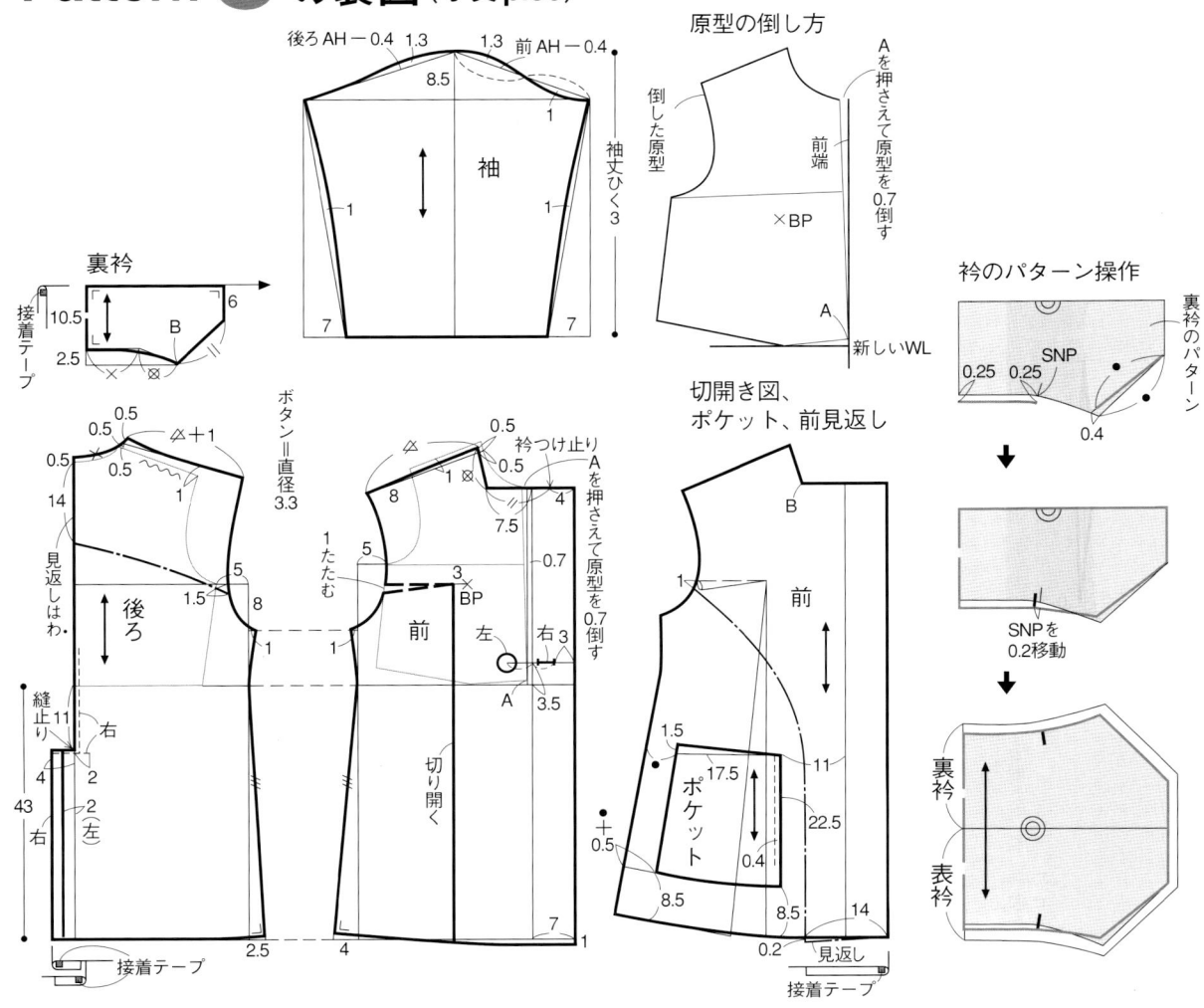

小杉早苗（こすぎ さなえ）
文化服装学院デザイン科卒業。
現在、学校法人文化学園 理事。
文化服装学院 学院長。
文化ファッション大学院大学（BFGU）教授。
ファッションビジネス研究科長。
ファッションデザインコース主任教授

装丁、レイアウト　岡山とも子
撮影　藤本 毅　尾島 敦（文化出版局）
スタイリング　金田美香(p.18、19、22、23、38〜41、44、45、60、61)
実物大パターンのトレースとグレーディング　上野和博

プロの仕立てをきちんと学ぶ
ジャケットとコートの手ほどき

2004年 2月 2日　第 1 刷発行
2020年12月 9日　第11刷発行

著　者　小杉早苗
発行者　濱田勝宏
発行所　学校法人文化学園 文化出版局
　　　　〒151-8524　東京都渋谷区代々木3-22-1
　　　　電話　03-3299-2483(編集)　03-3299-2540(営業)
印刷・製本所　株式会社文化カラー印刷

© Sanae Kosugi 2004　Printed in Japan
本書の写真、カット及び内容の無断転載を禁じます。

・本書のコピー、スキャン、デジタル化等の無断複製は著作権法上での例外を除き、禁じられています。本書を代行業者等の第三者に依頼してスキャンやデジタル化することは、たとえ個人や家庭内での利用でも著作権法違反になります。
・本書で紹介した作品の全部または一部を商品化、複製頒布、及びコンクールなどの応募作品として出品することは禁じられています。
・撮影状況や印刷により、作品の色は実物と多少異なる場合があります。ご了承ください。

文化出版局のホームページ　http://books.bunka.ac.jp/